开放条件下
我国货币政策效果分析

刘高秀 著

Analysis on the Effect of China's Monetary Policy under
the Open Condition

经济管理出版社
ECONOMY & MANAGEMENT PUBLISHING HOUSE

图书在版编目（CIP）数据

开放条件下我国货币政策效果分析/刘高秀著．—北京：经济管理出版社，2022.6

ISBN 978-7-5096-8536-5

Ⅰ.①开… Ⅱ.①刘… Ⅲ.①货币政策—研究—中国 Ⅳ.①F822.0

中国版本图书馆 CIP 数据核字（2022）第 105940 号

组稿编辑：王格格

责任编辑：王格格 杜羽茜

责任印制：张莉琼

责任校对：王淑卿

出版发行：经济管理出版社

　　　　　（北京市海淀区北蜂窝 8 号中雅大厦 A 座 11 层 100038）

网　　址：www.E-mp.com.cn

电　　话：(010) 51915602

印　　刷：北京晨旭印刷厂

经　　销：新华书店

开　　本：720mm×1000mm/16

印　　张：11.25

字　　数：164 千字

版　　次：2022 年 11 月第 1 版 2022 年 11 月第 1 次印刷

书　　号：ISBN 978-7-5096-8536-5

定　　价：88.00 元

前　言

开放条件下，开放经济变量及其变动不仅是一国国内经济政策和对外经济政策的联系纽带，更是体现和制约货币政策效果的重要因素。本书对外汇储备和货币政策的相关理论进行了梳理，并对中华人民共和国成立以来不同时期货币政策的发展、变化进行阐述与剖析。同时在开放经济环境和货币政策执行背景下，从货币供给量变化、货币供给内生性、货币政策传导机制以及通货膨胀等角度进行分析。本书的目的在于建立一个开放经济条件下中国货币政策的分析框架，并提出相应的政策建议。本书研究的主要内容如下：

第一，本书分析了开放条件下货币供给量的变化。外汇储备变动会引致外汇占款的变动，因外汇占款是基础货币的基本组成部分，故基础货币必然会随着外汇占款的变动而变动。外汇占款在基础货币投放中占据了重要地位。实证分析结果表明，我国外汇储备、外汇占款与货币供给量M0、M1和M2之间存在长期稳定的均衡关系，外汇占款对货币供给量M0、M1和M2的增长有不同程度的影响作用。外汇占款变动对基础货币和货币供给量的影响作用，加大了中央银行调控货币供给量的难度，对货币政策效果产生影响。

第二，本书分析了货币供给的内生性。货币乘数（K）、汇率（E）和利率（R）对货币供给量产生了长期的影响。从脉冲响应分析来看，货币乘数（K）受外部条件冲击后，对货币供给（M2）主要造成反向冲击，但冲击幅度比较小。汇率（E）和利率（R）对货币供给（M2）造成的反向冲击幅度较大，具有明显的抑制作用且持续效应较长。从方差分解分析来看，汇率（E）

和利率（R）对货币供给（M2）预测误差的贡献率比较大，都高于货币乘数（K）的贡献率，这与脉冲响应分析一致。货币供给具有一定的内生性，这会影响到货币政策的实施效果。

第三，本书对货币政策传导机制进行了研究。本书以货币政策传导机制理论为基础，对利率传导途径、其他资产价格途径和信用传导途径进行了理论分析。在此基础上，就外汇储备对利率传导途径、汇率传导途径和信贷传导途径的影响进行了实证检验，研究结果显示，由于我国利率市场化程度较低，当外汇储备变动时，并不能引起利率水平和汇率水平的相应变动。可见，外汇储备不能显著拉动我国可供贷款数量。这三大传导渠道在运作过程中其效应发挥受阻。

第四，本书对通货膨胀进行了研究。结合我国中央银行资产负债表、Fisher方程式和国际收支货币分析法，从理论上分析了开放经济因素和通货膨胀的关系。选取居民消费价格指数（CPI）、工业生产者价格指数（PPI）和企业商品价格指数（CGPI）作为考察物价走势的指标，对通货膨胀的变化进行定量分析，结果表明，我国外汇储备、居民消费价格指数（CPI）、工业生产者价格指数（PPI）和企业商品价格指数（CGPI）之间存在长期的均衡关系，并且外汇储备对居民消费价格指数（CPI）的影响力度大于对工业生产者价格指数（PPI）和企业商品价格指数（CGPI）的影响力度。

以上分析表明，随着开放程度的加深，国内外经济联系加强，中国货币政策的有效实施受到挑战，货币政策有效性和独立性受到影响。最后，本书针对解决货币政策有效实施问题，从外汇储备增长方式、外汇管理体制、汇率制度、货币政策工具等方面提出政策建议。

刘高秀

目　录

第一章　绪　论……………………………………………………… 1

　第一节　研究背景和意义………………………………………… 1

　　一、研究背景…………………………………………………… 1

　　二、研究意义…………………………………………………… 4

　第二节　概念界定………………………………………………… 5

　　一、开放经济…………………………………………………… 5

　　二、外汇储备…………………………………………………… 5

　　三、货币政策有效性…………………………………………… 6

　　四、货币政策独立性…………………………………………… 7

　第三节　相关研究综述…………………………………………… 7

　　一、外汇储备增长的原因……………………………………… 7

　　二、货币政策效果……………………………………………… 13

　　三、外汇储备变动对货币政策的影响………………………… 16

　　四、文献综述小结……………………………………………… 21

　第四节　研究框架和主要创新…………………………………… 23

　　一、研究框架…………………………………………………… 23

　　二、主要创新及不足…………………………………………… 24

第二章　相关基础理论 ……………………………………………………… 27

第一节　外汇储备理论基础 …………………………………… 27

一、外汇储备规模 ………………………………………… 27

二、外汇储备结构 ………………………………………… 32

三、国际收支的货币分析法 ……………………………… 34

第二节　货币政策理论基础 …………………………………… 35

一、货币中性理论与货币非中性理论 …………………… 35

二、货币政策有效性理论 ………………………………… 37

三、Mundell-Fleming 模型 ……………………………… 39

四、三元悖论 ……………………………………………… 40

第三节　本章小结 ……………………………………………… 41

第三章　我国外汇储备问题与货币政策执行情况 ……………… 43

第一节　我国外汇储备问题 …………………………………… 43

一、我国外汇储备的历史变迁 …………………………… 43

二、我国外汇储备的规模分析 …………………………… 47

三、我国高额外汇储备的来源及成因 …………………… 52

四、我国外汇储备的结构分析 …………………………… 53

第二节　我国货币政策执行情况 ……………………………… 54

一、1984~1993 年中国货币政策执行情况 ……………… 54

二、1994 年以来中国货币政策执行情况 ………………… 56

第三节　本章小结 ……………………………………………… 59

第四章　开放条件下我国货币供给量分析 …………………………… 61

第一节　外汇储备增加引起外汇占款和基础货币增加 ……… 61

一、基于中央银行资产负债表的分析 …………………… 62

二、外汇占款在基础货币中的比重 ……………………… 63

第二节　开放经济因素对货币供给影响作用的实证分析 …………… 68

一、外汇储备影响外汇占款的实证检验 ………………… 68

二、外汇占款影响货币供给的实证检验 ………………… 79

第三节　本章小结 ……………………………………………… 89

第五章　我国货币供给内生性研究 ……………………………… 91

第一节　货币供给内生性的研究简述 ………………………… 91

第二节　基于货币供给方程的分析 …………………………… 94

第三节　货币供给内生性的实证分析 ………………………… 95

一、变量选择与数据说明 ……………………………… 95

二、数据检验 …………………………………………… 96

三、Granger 因果关系检验 …………………………… 99

四、VAR 模型、脉冲响应和方差分解 ……………… 101

第四节　本章小结 ……………………………………………… 106

第六章　开放条件下我国货币政策传导机制研究 ……………… 109

第一节　货币政策传导机制理论 ……………………………… 109

一、利率传导途径 ……………………………………… 109

二、其他资产价格途径 ………………………………… 110

三、信用传导途径 ……………………………………… 111

第二节　货币政策传导机制的实证分析 ……………………… 114

一、利率传导途径分析 ………………………………… 114

二、汇率传导途径分析 ………………………………… 119

三、信贷传导途径分析 ………………………………… 126

四、分析结论 …………………………………………… 132

第三节　本章小结 ……………………………………………… 132

第七章　开放条件下我国通货膨胀研究……………………………… 135

第一节　基于中央银行资产负债表的分析……………………… 135

第二节　基于 Fisher 方程式的分析…………………………… 136

第三节　基于国际收支货币分析法的分析…………………… 137

第四节　开放经济因素对通货膨胀影响的实证分析…………… 138

一、模型选择、变量选择与数据说明…………………… 138

二、计量分析………………………………………… 139

三、分析结论………………………………………… 148

第五节　本章小结………………………………………… 149

第八章　结　论………………………………………………… 151

参考文献………………………………………………………… 155

第一章　绪　论

第一节　研究背景和意义

一、研究背景

在开放经济条件下，由于对外贸易持续顺差、利用外资规模的不断扩大、汇率制度改革、人民币升值预期等因素，中国的外汇储备不断积累，进入一个高速增长期，存在大量超额外汇储备。自 1994 年我国进行外汇储备体制改革以来，外汇储备规模增长迅速。1994 年较 1993 年增长了 2.44 倍，达到516.20 亿美元。1996 年达到 1050.29 亿美元，突破 1000 亿美元大关。2001 年达到 2121.65 亿美元，突破 2000 亿美元大关。2003 年、2004 年和 2005 年分别达到 4032.51 亿美元、6099.32 亿美元和 8188.72 亿美元。2006 年突破10000 亿美元大关，达到 10663.44 亿美元。2009 年突破 20000 亿美元大关，达到 23991.52 亿美元。2011 年再次创造纪录，突破 30000 亿美元大关，达到31811.48 亿美元。我国外汇储备规模明显呈现加速增长的趋势，如图 1-1 所示。2014 年 8 月，中国的外汇储备高达 39688.25 亿美元。从 2014 年 9 月开始，外汇储备规模逐渐回落。到 2015 年 3 月回落至 37300.38 亿美元，2015 年 12 月为 33303.62 亿美元。2016 年底，外汇储备规模回归到 30000 亿美元。2017 年、2018 年、2019 年和 2020 年，外汇储备规模基本稳定在 31000 亿美元左右。2021 年，外汇储备规模增至 32000 亿美元。截至 2022 年 1 月，中国外汇储备规模为 32216.32 亿美元。[①]

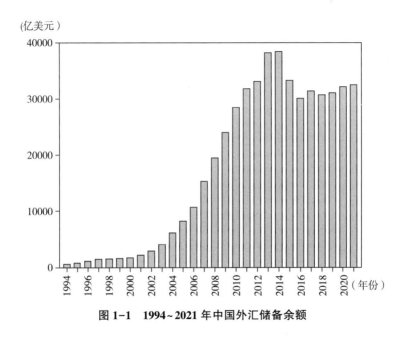

图 1-1　1994~2021 年中国外汇储备余额

高额外汇储备是我国综合国力增强的表现，但也给我国经济发展带来一些负面影响。开放经济条件下，外汇储备及其变动不仅是一国国内和对外经济政策的联系纽带，更是体现和制约货币政策有效性的重要因素。外汇储备作为国家经济发展的一项综合性经济指标，其快速增长必然会影响货币市场的稳定，影响中央银行货币政策的实施效果和经济秩序，进而影响整个国民经济的发展。

首先，在开放经济条件下，一国的外汇储备与国内货币供应有着紧密关

---

　①　数据来源于国家外汇管理局网站。

系。外汇储备增加必然导致外汇占款增加，而外汇占款是基础货币的重要组成部分，基础货币也随之增加，通过货币创造乘数作用货币供给量最终成倍增加。可见，中央银行通过收购外汇，同时投放基础货币的行为影响货币供应量，而货币供应量的变化直接影响货币政策的效果，由此看出外汇储备和货币政策有着深远的内在关系。

其次，在开放经济条件下，外汇储备的激增使货币传导机制发生变化，影响了中介目标，使货币政策目标发生偏离，极大地影响了我国货币政策的有效性。高额的外汇储备量改变了货币政策传导机制。由于我国实行结售汇体制，数量庞大的外汇占款能够通过银行结售汇体系将基础货币迅速转化为企业存款，不再经历原本的传导过程，导致货币供给时间大大缩短，不利于货币政策作用的正常发挥。同时，在此过程中，外汇储备的变动增强了我国货币供给的内生性。按照我国的结售汇体制，企业经常项目下的外汇收入要无条件地结汇给外汇指定银行，外汇指定银行持有的结售周转外汇余额超过其上限的头寸时必须在外汇市场上抛补。这种制度造成了我国中央银行只能被动地接受国际收支差额变动及外汇市场的超买或超卖，这使得货币供给的内生性增强，中央银行控制货币供给量的主动性和灵活性大大削减。

最后，超量外汇储备限制货币政策操作空间，使货币政策偏离既定目标。出现超量外汇储备时，中央银行为维持汇率稳定，被动入市用人民币购入外汇。在此行为之下，货币供给量被动扩张，货币政策的灵活性大大降低。另外，外汇储备的增长使外汇占款逐渐成为基础货币投放的主要渠道，中央银行对这种投放渠道的依赖性增强。但是，这种投放渠道主要取决于外汇储备的增加情况，可调节性和稳定性都较差，进一步限制了货币政策的操作空间。随着外汇储备的增加，基础货币不断扩张，为减少流通货币，避免通货膨胀的发生，中央银行不得不进行对冲操作。对冲手段的实行，提高了利率水平，压缩了央行的再贷款，使国内信贷变得困难，还会使国外借款增加和外资流入。这样，原本想要减少国内基础货币的对冲手段，反而对外汇储备规模和外汇占款的增加起到了推动作用，与最初的政策目标相去甚远。

二、研究意义

(一) 理论价值

从理论意义上说，本书立足于开放经济环境对我国货币政策效果进行分析，希望搭建中央银行货币供给制度的新框架，灵活运用货币政策工具，以有效应对开放经济中不可避免的国际资本流动冲击，减少对国内实体经济的负面影响，从而实现既定的货币政策目标。

目前，中国经济发展进入新时期，在开放经济条件下对我国货币政策进行研究，测算货币政策效果，进一步判断货币政策的独立性与有效性，从而选择恰当的货币政策工具调控货币供给量，实现特定的经济目标，促进中国市场经济的发展。从中国国情出发，本书研究可以为建立具有中国特色的市场经济理论贡献绵薄之力。

(二) 实际应用价值

当前全球经济疲软，国内经济增速下滑，对央行的货币调控提出了严峻挑战，既要顺利实施稳健货币政策，保持经济稳定增长，又要控制好通货膨胀。在这样的背景下，研究开放经济条件下我国货币政策效果有利于梳理目前我国货币政策调控中的难点，厘清货币政策实施过程中各经济变量之间的关系。同时，提出具有可操作性的政策建议，使中央银行在实施宏观经济政策时有所侧重，并通过货币政策工具的灵活使用，在短期内克服我国高额外汇储备给货币政策实施带来的干扰，成功引导经济步入良性循环。这对于国家经济发展来说无疑具有重大现实意义。

货币政策是为经济发展服务的，在开放经济体制下，稳定汇率是货币政策的重要任务，因此中央银行需要买入外汇，造成被动发行货币。经济的长期稳定增长要求我国货币政策进行相应调整，中央银行应逐步放松汇率控制，摆脱以外汇占款方式被动发行货币的困扰，改革我国的货币政策框架，通过人民币国际化、利率市场化等进程全面建立我国的现代金融体系。因此，在开放经济条件下分析外汇储备变动对我国货币政策的影响，为优化金融资源配置、推进利率市场化、保持人民币汇率稳定和推行我国货币政策体系的长期改革提供了依据，指明了方向。

第二节　概念界定

一、开放经济

开放经济是指一国与他国之间存在的经济往来，产品、资本和劳动力要素可以跨越国界自由流动的经济。在开放经济条件下，伴随着经济开放程度的提高，对外经济部门对一国宏观经济均衡的影响会越来越大，有效实施货币政策的难度随之提高。开放经济对货币政策最直接的影响表现是国际收支变动导致外汇储备变动，外汇储备变动又会影响基础货币投放，进而造成货币供给变动，最终影响到货币政策效果。

二、外汇储备

外汇储备是一国货币当局持有的可兑换货币和用它们表示的支付手段，同时是一国国际储备的重要组成部分。外汇储备是一国经济实力的重要体现，也是抵御国际金融危机的重要保证。按照维基百科的解释，外汇储备又称外汇存底，是一个国家或经济体的货币当局持有并可随时兑换他国货币的资产，通常以美元计算。狭义而言，外汇储备指一个国家或经济体的外汇积累；广义而言，外汇储备指以外汇计价的总资产，包括现钞、黄金、国外有价证券等。外汇储备是一个国家或经济体国际清偿力的重要组成部分，同时对于平衡国际收支、稳定汇率有重要影响。但是，外汇储备往往不是净资产，不能视为可供国民直接分享的国家财富。根据国际货币基金组织（IMF）的定义，外汇储备是由货币当局控制，并随时可供货币当局用来满足国际收支资金需求，用以干预汇兑市场影响货币汇率，以及用于其他相关目的（例如，维护人们对货币和经济的信心，作为向外国借款的基础）的对外资产，主要包括货币和存款、对货币当局的债权、对其他实体的债权、证券等。储备资产必须是外币资产和实际存在的资产，不包括潜在的资产。由货币当局"控制"和"可供使用"是储备资产的基本概念①。

综合以上各方定义，根据我国外汇储备的持有目的和表现形式，笔者认为，外汇储备是一国政府所持有的国际储备资产中的外汇部分，即一国政府保有的以外币表示的债权，并且可以随时兑换外国货币的资产，包括外币现钞、外币支付凭证或支付工具和其他外汇资产等。

三、货币政策有效性

长期以来，货币政策有效性是宏观经济学核心的理论研究问题，同时是重大的实践问题，可以从以下四个方面对货币政策的有效性进行界定：

第一，货币政策有效性是考察货币政策能否系统地影响实际经济变量，如实际产出、就业和价格水平等。如果货币政策能够系统地影响实际经济变量，则表明货币政策有效；反之，表明货币政策无效。

第二，通过从数量方面考察货币政策作用于实际经济变量的效果大小，以及货币政策作用于实际经济变量的时间长短来衡量货币政策的有效性。

第三，货币政策影响实际经济变量的方法和过程，主要是涉及货币政策传

---

① 参见国际货币基金组织编写的《国际收支和国际投资头寸手册》（第六版）。

导机制的问题。货币政策可能通过利率传导途径、资产价格途径或信用传导途径对总需求产生影响，最终体现为实际产出、价格水平等变量的变动。

第四，中央银行如何选择并实施恰当的货币政策，以实现宏观经济政策的调控目标，这涉及中央银行的整个货币政策框架，包括货币政策的最终目标、中介目标、操作目标以及货币政策工具等。

四、货币政策独立性

货币政策独立性是开放经济体中比较受关注的话题。货币政策独立性的含义可以从两个层面理解：一是对内货币政策独立性；二是对外货币政策独立性。对内货币政策独立性是指货币当局独立于政府部门，制定和实施货币政策不受政府机构的干预，货币政策调控具有自主性和独立性。对外货币政策独立性是指在开放经济条件下，货币当局制定货币政策不受外部经济因素的影响，比如外汇储备、国际资本流动、国际金融市场运行状况等的影响。本书主要在开放经济背景下考察货币政策的对外独立性，侧重分析外汇储备变动对货币政策独立性的影响。

第三节 相关研究综述

一、外汇储备增长的原因

(一) 国外研究

1. 较高预防需求

外汇储备增长主要是源自较高的预防需求。Aizenman 和 Marion（2003）

尝试用计量的手法和理论去解释远东国家为何对国际储备具有高需求，而其他一些发展中国家对国际储备的需求却相对较低。1980～1996 年，估计方程较好地预测了亚洲国家持有的储备水平。研究表明，为规避政治风险和为偿还财政债务的高额征税行为会导致对国际储备较高的预防需求。在此之后，Li 和 Rajan（2005）、Aizenman 和 Lee（2007）、Aizenman（2006，2009）、Mendoza（2010）也都提出预防动机是导致外汇储备增长的重要原因，它可以提供一种自我保护，用来对抗突然终止和资本外逃冲击带来的不利影响。

2. 对抗资本流动和资本账户危机

新兴市场国家进行储备积累的目的是对抗资本流动的波动性和资本账户危机。Cruz 和 Walters（2008）观察到国际储备积累已成为发展中国家实现财政稳定的首选政策。这一政策的目的是增强流动性和降低遭受投机性攻击的风险。但是，该政策所引致的成本问题不容忽视。许多研究总结出国际储备积累的机会成本大概是 GDP 的 1%。Morits 和 Bernard 认为，国际储备积累不是争取发展的最佳政策，有其他的替代政策可以选择。这些替代政策的实施在实现财政稳定、政策自治和经济发展方面有更好的表现。持相同观点的还有 Cheung 和 Qian（2009）。

3. 为缓和实际有效汇率冲击和改善贸易条件

部分学者认为国际储备可以缓和对实际有效汇率的冲击，起到缓冲器的作用。Aizenman（2006）进一步阐明积极储备管理策略能降低由贸易条件冲击造成的实际汇率波动，减缓经常账户的调整速度，甚至在鼓励出口的情况下能够有较高的经济增长，加强宏观经济管理。这些优点对商品出口国家和限制金融发展的国家尤为重要。Joshua Aizenman 和 Daniel Riera-Crichton（2008）就国际储备、贸易条件冲击和资金流动对实际有效汇率（Real Effective Exchonge Rate，REER）造成的影响进行了评估，发现国际储备可以缓和贸易条件冲击对 REER 的影响，而且这种缓冲效果对发展中国家来说比较重要，但对工业国家来说并非如此。发展中国家的 REER 似乎对储备资产的变动更为敏感，而工业国家则显示出热钱和 REER 之间存在重要关联。

外汇储备变化是由积累国际储备可以改善贸易条件、提高竞争力这种观点所引致的。Aizenman 和 Lee（2007）认为，东亚国家之所以大量积聚国际储备主要归因于货币机制的一个现代观点：积累国际储备可以提高竞争力。在较长时间里，东亚国家的财政对出口制造商进行资助。这种政策鼓励出口制造商大量赚取外汇，但给货币政策造成很大的负面冲击。Korinek 和 Servén（2010）认为，通过积累外汇储备实现的实际汇率低估可以改善经济福利，同时来自贸易部门的学习投资外在性会不成比例地出现。针对存在的问题或者当多边协议限制政策选择时，首选的政策如补贴资金积累或补贴贸易生产，其实是不可行的。有关外汇储备积聚的新重商主义政策通过外包目标问题或通过对外国人提供贷款（贷款仅限于用来购买国内贸易品）来克服多边限制。这项政策提高了贸易品和非贸易品之间的相对价格，即低估了实际汇率。在国内经济中以暂时减少贸易吸收作为静态成本，但由于贸易部门产生了更强的学习投资外在性，这导致了一个以经济快速增长形式出现的动态收益。储备积累的净福利效应依赖于低贸易吸收的静态损失相对于高经济增长的动态收益之间的一种平衡。

4. 货币政策和汇率制度所引致

过度储备与货币政策及限制汇率弹性政策相关。Bindseil 等（2006）认为，过度储备与中央银行的货币政策的执行是相关的。能够再现过度储备内部维持周期模式的交易成本模型一直在发展。模拟结果显示，过度储备的水平和波动性可能极大地改变货币政策的操作结构。Green 和 Torgerson（2007）认为，一些国家储备持有水平已经远远超过了外汇储备预防需求的水平。这意味着过量储备积累的边际预防报酬会很低，而潜在的边际成本会很高。许多过度储备的国家，其汇率是与美元绑定的。这些国家限制汇率灵活性的目的是储备大量积聚的基础。Green 和 Torgerson 提供的政策建议不是如何处理已经存在的储备库存，而是摒弃诸如限制汇率灵活性的错误认识，因为限制汇率弹性是造成过度储备的首要原因。Pontines 和 Rajan（2011）指出，亚洲地区中央银行对货币升值的反应比对货币贬值的反应表现得激烈，对名义有效汇率的反应也比对双边美元汇率的反应表现得激烈。中央银行这种不对称的干预行为正好解释了亚洲地区汇率的相对平稳性和储备持续积累的现象。

5. 心理因素

储备变动与心理因素有关。Cheung 和 Qian（2009）观察到 1997 年经济危机后国际储备大量囤积的行为，进而开始探究马赫卢普夫人的衣橱理论和相关的攀比参数。除了心理因素以外，持有高水平的国际储备可以减少投机性攻击的脆弱性并促进经济增长。Cheung 和 Qian 构造了一个程式化的模型试图解释这种囤积行为，运用 10 个东亚经济体的经验规范和数据检验攀比效应。基于面板回归的结果显示存在攀比效应，尤其是在 1997 年经济危机后更为明显。但是，单个经济体估计结果显示攀比效应随着经济体的变化而变化。

6. 综合作用的结果

外汇储备的变动是各种经济因素综合作用的结果。Obstfeld 等（2008）以财政稳定和金融开放为基础建立模型以解释现代金融全球化资本市场中的储备持有现象。能够转换为外国货币的国内金融负债的大小、金融开放度、通过债务市场获得外国货币的能力以及汇率政策都是储备物资的重要预报器。Obstfeld 等认为，他们所构建的经验财政稳定模型胜过传统模型和基于外部短期债务的解释。Mishra 和 Sharma（2011）通过集中研究印度国内货币不均衡对国际储备需求产生的作用，提出评定国际储备适度性的新基准。研究发现，印度中央银行持有过量的储备，其机会成本是相当可观的。储备需求方程的估计结果表明，对外贸易规模、不确定性和收益报酬对决定印度的长期储备政策具有重要作用。更关键的是，在确认平衡收支的货币政策中，其分析结果显示国内货币的不均衡对短期的储备变动产生了至关重要的作用。超额的货币供求导致国际储备的流入或流出。Yang 和 Li（2012）以实际数据为基础，首次运用灰色系统理论中的关联度方法分析了中国外汇储备水平和影响外汇储备水平的因素。研究表明，国内生产总值是影响中国外汇储备规模的最主要因素。除此以外，进出口平衡、外国直接投资、外债平衡和年平均汇率对我国外汇储备规模也有重要影响。通过建立灰色预测 GM（1，1）模型，结果显示，在未来几年中国外汇储备仍然会保持强劲的增长势头。Ramachandran（2006）认为，外汇储备增量的波动性和持有外汇储备的机会成本在储备需求模型中扮演重要角色。储备增长数据中的偏斜会对系数估计和储备需求方程的稳定性造成偏差。相应地，建立在波动性测量基础上的模型能消除偏差，但无法提供证据支持大额跨境资金流量显著影响储备需求的观点。Khomo 等（2018）运用自回归分布滞后（ARDL）边界检验协整方法对外汇储备行为进行了建模，研究结果表明，外汇储备行为是受人均国内生产总值、政府支出、经常账户发展和汇率变动等综合力量共同驱动和共同决定的。Matsumoto（2022）构建了一个小型开放经济模型，研究发展中国家最佳外汇储备的决定因素，该模型表明，决定外汇储备积累的两个关键因素是外债利差相对于外债的弹性和外国直接投资的进入成本。

（二）国内研究

吴青（1999）认为，在开放经济体中国际收支状况会通过外汇储备的变化对货币供给产生影响。从 1994 年开始，中国外汇储备大幅增长，其原因可以归结为外汇体制改革和外来资本大量进入。在这些因素的促使下，外汇储备对基础货币供给造成深远影响，所以需要加强对国际收支的管理。巴曙松等（2007）以 2005 年 8 月作为基期，选取样本、权重和模型，测算了 2002 年 1 月至 2006 年 6 月的实际有效汇率。在使用 Johansen 协整检验和 Granger 因果检验后，证明人民币实际有效汇率和贸易顺差之间存在长期稳定的协整关系，实际有效汇率的长期贬值是导致贸易持续顺差的主要原因，进而导致我国外汇储备呈现持续增长的状态。易行健（2007）采用 1996~2004 年的月度数据详细分析了我国外汇储备需求函数。研究结果显示，人民币实际有效汇率指数及波动性、国内外利率差、消费品零售总额、进口波动性和进口依存度是我国外汇储备需求的影响因素。杨权（2009）采用面板数据进行回归分析，认为东亚发达经济体和发展中经济体的外汇储备行为是不一样的。东亚发展中经济体储备外汇主要是出于防范风险的谨慎动机，而发达经济体储备外汇主要是交易需求。东亚发展中经济体的外汇储备积聚与汇率制度灵活性相关，而发达经济体的外汇储备积聚与外汇市场干预、汇率波动幅度相关。张细松和朱新蓉（2009）实证检验认为，中国外汇储备与人民币汇率之间不存在协整关系。人民币升值导致中国货币错配程度加深，进而导致外汇储备积累，是外汇储备增长的格兰杰原因，但外汇储备增长不是人民币升值的格兰杰原因。黄寿峰和陈浪南（2009）针对中国、日本和印度三个国家，采用 LLC 和 IPS 对三个国家的面板数据进行平稳性检验，经 Kao 检验和 Pedroni 检验的实证分析表明，平均进口倾向、汇率、经常项目、外商直接投资与外汇储备之间的协整关系成立。构建的似不相关回归 SUR 模型显示，除汇率外，平均进口倾向、经常项目、外商直接投资都与外汇储备是正向变动关系。罗忠洲（2010）研究了 13个国家从 2003 年至 2007 年的样本数据，探究不同国家本币升值与外汇储备之间的关系。实证结果表明，汇率波动是外汇储备规模的决定因素，本币升值会造成外汇储备积累。李庭辉（2010）用人民币汇率、货币供应量和外汇储备三个变量构建了 VAR 模型，并采用脉冲响应函数剖析了人民币汇率和货币供应量对外汇储备规模的冲击效果。实证结果表明，不论在短期或是长期，人民币汇率、货币供应量对外汇储备规模都有显著影响，存在稳定的均衡关系，而且影响程度比汇率制度改革前要大。王三兴和杜厚文（2011）对东亚和拉美地区的外汇储备积累进行了实证研究和比较分析，认为新兴市场经济体外汇储备增长的决定性因素是全球产业转移所导致的贸易规模扩大和经常账户顺差积累。宿玉海和张雪莹（2011）采用阿格沃尔模型对我国外汇储备适度规模进行了研究，结果显示，我国外汇储备规模过大，且 GDP、外商直接投资、进出口额、外债余额和广义货币供给量是外汇储备规模过大的原因。陈安和杨振宇（2011）认为，年出口额的增加是外汇储备规模膨胀的主要原因，外商直接投资和外国债券投资对外汇储备有影响，但影响程度有限。段洁新和王志文（2013）采用因子分析对中国外汇储备增长的七个影响因素进行分析，认为中国外汇储备增长的主要因素是经济规模因素和汇率因素，其中经济规模因素是关键因素。曾红艳（2017）从内生性角度分析了中国高额外汇储备现象，采用博弈论方法解释外汇储备内生性形成机制，认为中国外汇储备增长具备内生性特点且呈增强趋势。黄㷍和丁剑平（2017）采用空间计量杜宾模型对外汇储备的空间依赖性进行了研究，模型分析结果显示，亚洲地区外汇储备存在空间溢出效应，并认为持有外汇储备与平稳汇率无关，与竞争性动机无关，与预防动机有关。

从以上国外和国内的研究工作可以看出外汇储备增长的原因主要有这样几个方面：为规避政治风险和偿还债务，为降低遭受投机性攻击的风险，把持有储备作为一种自我保护的方式，从而导致对国际储备的高预防需求。中央银行的某些货币政策的执行会导致过度储备，比如限制汇率灵活性是外汇储备大量积累的基础。超额货币供求也会导致国际储备变动。中央银行对货币升值的反应比对贬值的反应表现得激烈，这种不对称干预行为同样会造成储备持续积累。实际有效汇率长期贬值导致贸易持续顺差，最终导致外汇储备持续增长。为对抗资本账户危机，减缓经济账目的调整速度，提高竞争力，在鼓励出口的情况下有较高的经济增长，这些都会促使外汇储备持续增长。国内生产总值、实际有效汇率指数及波动性、国内外利率差、消费品零售总额、进口波动性、进口依存度、外商直接投资，以及持有外汇储备的机会成本都会对外汇储备造成影响。此外，外汇体制改革、汇率制度、外汇市场干预以及货币升值导致货币错配程度较深等与外汇储备变动是相关的。

二、货币政策效果

（一）国外研究

对货币政策效果的研究多采用计量模型进行定量分析。Agénor 和 Aynaoui（2010）运用信贷市场不完整性的一个简单模型分析了银行过度流动性对货币政策有效性造成的影响。贷款利率被设定为一种在中央银行借款成本之上的贴水，预防因素和机会成本决定过度储备需求。在对再筹资金利率和必需储备比率的变化进行分析后，进一步说明过度流动性对银行定价政策和宏观经济均衡造成的影响。对称规则和不对称规则被用来作为价格之谜和与紧缩货币政策相联系的滞胀影响的一种新解释。Mehrotra（2009）运用 Markov 机制转换模型、向量自回归和 IS 方程研究了日本制止通货膨胀时期货币政策的有效性，发现对货币基础采用 McCallum 法则时，货币政策明显受到冲击，出现具有统计意义的价格水平的变化。但是，较低的事前实际利率水平仍然会刺激经济的发展。Liu 和 Zhang（2010）采用包含四个方程的新凯恩斯模型评估了中国货币政策结构的适度性，其模拟结果显示，在经济和金融市场发展的现阶段同时采用利率和货币数量作为工具的混合法则比仅只采用单一工具的法则要表现得出色。Bruno 等（2015）采用向量自回归模型分析了 46 个发达国家和发展中国家的价格对货币政策冲击的反应，研究结果表明，在贸易开放程度更高、汇率更灵活、银行业规模更大、更发达的国家，货币政策冲击对价格的短期影响更显著，而在英国法渊源的国家，这种影响较小。Georgiadis 和 Mehl（2016）认为，金融全球化对货币政策有效性的影响是模糊的。一方面，在金融一体化经济体中，全球金融周期会抑制货币政策紧缩的产出效应，从而降低货币政策的有效性；另一方面，金融全球化促使经济体的外汇净多头越来越多，放大了货币政策的有效性。Yong（2018）利用 1980~2014 年 49 个国家的面板数据进行建模分析，认为金融发展对货币政策的增长效应具有显著的负面影响，而且随着一个国家的金融结构变得更加市场化，货币政策的增长效应往往更加明显。Yie（2019）指出，货币政策的效果随着货币政策冲击的规模和金融市场的开放程度而减弱。Fisera（2020）使用集合平均群进行估计，发现限制性标准货币政策和扩张性货币政策会导致更高的收入不平等，高水平的金融发展增强了货币政策的分配效应。此外，金融一体化和信贷周期阶段影响货币政策的分配效应，而房地产价格和股票价格周期阶段不影响货币政策的分配效应。

（二）国内研究

孙云峰（2007）把 1986~2005 年按照不同汇率制度划分为几个阶段，以不同汇率制度作为研究背景对货币政策的有效性进行探讨，对显著影响货币政策有效性的因子进行总结。孙云峰认为，在固定汇率制和浮动汇率制下，影响宏观经济的因素分别是存款准备金率和利率。王立勇和张良贵（2011）运用HP 滤波、LSTVAR 方法估计了外国产出缺口、通货膨胀缺口和货币政策变量的广义脉冲响应函数，着重分析了我国货币政策在目标实现和工具选择方面的有效性。结果显示，我国货币政策调控效率不高，货币政策效果欠缺。赵继志和郭敏（2012）认为，全球性因素会导致我国货币政策传导机制部分改变，影响货币政策的实施效果，而且我国宏观经济与全球经济的协同性有不断加深的趋势。陶思平（2012）从我国中央银行的独立性、货币政策的时滞效应、货币政策传导机制的完善程度和微观主体预期的作用等方面对我国货币政策的有效性进行了探讨，认为我国货币政策有效性受到诸多因素的制约。彭方平等（2012）运用 Logistic 平滑转换结构向量自回归模型分析不同通货膨胀预期状态下货币政策有效性的区别，认为在短期，低通货膨胀预期状态下，货币政策更为有效。庞新江（2012）认为，中央银行独立性的削弱、货币政策传导机制的不完善、经济发展不平衡和金融市场不成熟是制约我国货币政策有效性的主要因素。王国刚（2012）指出，在中国所采用的货币政策调控工具中，调整新增贷款规模的有效性最高，存款准备金率和发行央行债券不能起到紧缩货币的效果，提高存贷款利率会使信贷扩张。张翔等（2014）认为，汇率弹性的增强有利于降低国际资本的顺周期效应，提高货币政策的灵活性和自主性。熊启跃和黄宪（2015）指出，中央银行的货币政策能够有效影响商业银行的信贷行为，资本监管的实施弱化了信贷渠道的传导效果，同时由于信贷渠道的传导效果和资本监管的实施，扩张性货币政策和紧缩性货币政策的效果是不同的。陈奉先（2015）认为，中国资本管制较严，货币政策的冲销效果比较有效，但冲销系数有高低起伏的阶段性变化；严格的资本管制和高效的货币冲销确保了货币政策的独立性。马理和尤阳（2019）基于欧元区国家的宏观数据，引入影子利率作为非常规货币政策的替代指标，运用贝叶斯向量自回归（BVAR）分析了资产价格渠道、信贷渠道和汇率渠道的传导效果，模型结果表明，非常规货币政策的资产价格渠道与信贷渠道阻滞，非常规货币政策的汇率渠道通畅。战明华等（2020）采用拓展的 IS-LM-CC 模型构建出数字金融通过信贷传导渠道和利率传导渠道影响货币政策效果的分析模型，研究结果显示，数字金融发展提高了货币政策实施效果，而且数字金融对利率传导渠道的放大效应要强于对信贷传导渠道的弱化效应。

针对货币政策效果的研究，国内外学者的观点和研究工具主要是：银行体系中的过度流动性会对货币政策有效性造成影响，对称规则和不对称规则可以被用来解释货币政策的效果。可以运用 Markov 机制转换模型、向量自回归和 IS 方程研究货币政策的有效性。对基础货币采用 McCallum 法则时，可观测出货币政策是否受到明显冲击。用新凯恩斯模型可评估货币政策结构的适度性。采用利率和货币数量作为工具的混合法则，比只采用单一工具的法则时模拟效果更好。不同汇率制度对货币政策有效性的影响程度是不一样的，其影响因素也各有不同。全球性因素、中央银行独立性、货币政策时滞效应、货币政策传导机制、通货膨胀预期、金融市场成熟程度、货币政策调控工具选择以及数字金融发展等都会对货币政策的实施效果产生影响。

三、外汇储备变动对货币政策的影响

（一）国外研究

合理的外汇储备规模对货币政策的实施和刺激经济发展是有利的。Bar-Ilan 和 Dan（2007）针对如何决定货币政策和国际储备的水平提供了一个分析模型，认为严谨的货币政策需要建立一定的预防性储备。该预防性储备可以减少将来实施货币政策后发生通货膨胀的可能性，增加产出，降低金融危机风险。Taguchi（2011）研究了近几十年间亚洲和拉丁美洲地区新兴经济体的货币自主权的趋势，以及财政机制、货币机制和外汇储备间的相互作用。许多亚洲地区新兴经济体提高货币自主权主要是出于应对货币机制转向浮动机制的需要，而拉丁美洲地区新兴经济体提高货币自主权是多方面作用的结果。在所有作为

研究样本的经济体中，外汇储备的积聚有助于维护经济体货币自主权，这意味着新兴经济体中外汇储备对货币自主权有关键性作用。Rizvi 等（2011）注意到，1997 年东南亚危机后外汇储备大量积聚已成为一种货币工具。外汇储备的过度积累看起来不仅可以刺激经济的发展，而且可以稳定许多经济变量，例如汇率、负债和赤字。Syed Kumail 和 Abbas Rizvi 等研究了大量储备外汇这种政策给予财政和国家经济职能造成的影响。2001~2006 年，巴基斯坦当局把外汇储备积累作为一种货币工具进行使用，在对当时巴基斯坦的经济发展状况进行分析后，Rizvi 等发现积累外汇储备确实能够成功刺激 GDP 和进出口贸易增长，以及稳定汇率和减少债务负担和财政赤字的有力证据。박석강和 Parkbok-jae（2013）认为，在新兴市场积累外汇储备是防止再次发生金融危机、降低金融风险的有效手段。Narkevich（2015）认为，外汇储备大幅增长与其在货币政策中发挥的作用相关，利用外汇储备应对国际收支冲击或实现出口导向型增长的可能性促使其成为重要的宏观经济稳定工具。Osei（2018）认为，外汇储备积累对汇率有显著影响，通过影响汇率增加出口部门的收入和利润，从而促进投资增长和经济增长。Law 等（2019）检验了金融一体化程度对货币独立性和外汇储备之间关系的阈值效应，结果表明，当一国的金融一体化程度高于某个阈值时，外汇储备可以维持货币政策独立性。Lee 和 Lee（2021）分析了外汇储备过剩对韩国经济增长的直接影响和间接影响，认为超额外汇储备不仅能够直接促进经济增长、增加贸易往来，还间接缓解了金融不稳定。

但是，外汇储备积累在起到一定的促进经济发展作用的同时，也会导致一些其他的不利因素。Mohanty 和 Turner（2006）研究了一些新兴市场经济体为抵御货币升值而大规模使用外汇干预背后的潜在影响，发现当进行干预的时候，许多国家都采用了温和的货币政策。尽管这会导致长期的低利率，但可以起到控制通货膨胀和使中央银行从政策困境中解脱出来的作用。不过，数量较大且持续的储备积累会导致一些其他风险，甚至这些风险的影响会超过近期通货膨胀的影响。这些风险包括较高的干预成本、货币不均衡、过热的信贷、资产市场流动性过强和可能扭曲银行系统。

国际储备的大量积累也会使政府有过度干预经济发展之嫌，创造出政策变量，导致没有反映出货币政策的姿态。Aizenman 和 Sengupta（2011）认为，在全球化高度发展的今天，新兴市场经济体面临的一个关键挑战是如何同时保持货币独立性、汇率稳定和金融一体化，并对全球增长中的两大驱动力——中国和印度的三元悖论政策选择进行比较分析。相较于其他新兴市场，中国三元悖论的结构在汇率稳定性方面的优势是独特的，但在三元悖论的回归中没有发现任何对金融一体化起关键作用的因素。对此种现象一个可能的解释是，中国的资本市场是分割的，其资本管制和国际储备大量囤积意味着"政策利率"没有反映出货币政策的姿态。相比之下，印度三元悖论的结构与其他新兴国家的回归结果是一致的，在三元悖论权衡方面的预测也同样保持一致。也就是说，印度和其他新兴经济体一样努力停留在三个政策目标之间的中间地带，并实现相对的汇率稳定和金融一体化，同时以适当的国际储备水平作为缓冲器。

有学者建议在使用外汇储备调控经济的过程中，不应过度使用，倡导交替使用外汇储备政策。Montoro 和 Moreno（2011）发现，近几年拉丁美洲和其他一些新兴市场地区的中央银行用储备需求去追逐货币或财政稳定的目标。过去几十年，在经济扩张阶段，无须吸引资金流入，在需要紧缩货币条件的情况下，这些地区会提高储备需求。在许多案例中，货币政策指导下储备需求的运用使政策更为完善。但是，储备需求这项政策工具应该交替使用。

通过以上外汇储备增长对货币政策的影响的综述，可以把国外学者所持有的观点归纳为：合理的外汇储备规模可以减少通货膨胀现象，增加产出，降低金融风险，对维护货币自主权起到一定作用。但是，过度的外汇储备规模则会导致较高的干预成本，造成经济发展内外不均衡、货币市场流动性过剩等问题，这些问题会给货币政策的实施带来负面影响。

（二）国内研究

刘柏（2005）通过 Granger 因果检验、VAR 模型以及误差方差分解法对我国国际收支与货币政策独立性之间的关系进行分析。研究结果表明,在开放经济中外汇储备积累导致外汇占款增加,继而货币供给量增加,最后引起通货膨胀和国内生产总值的变化,削弱了中央银行货币政策的独立性和有效性。武剑(2005)认为,中央银行为应对外汇储备大幅增长引致的通货膨胀压力及汇率不稳情况所实施的冲销政策,在短期和长期,冲销政策的效果是不一样的。通过实证分析,在短期冲销政策对控制货币供给量是有效的,但在长期冲销政策的过度使用会影响货币政策的有效性,导致利率水平上升、经济结构畸形发展及金融风险等一系列负面效应。田华臣和张宗成(2005)认为,在国际收支持续顺差的情况下,外汇储备激增与货币政策存在冲突。为了回收流通货币进行对冲操作导致成本上升,且限制了货币政策自主性,这种外汇占款对冲政策不能长久使用。陈远志和谢智勤(2006)运用实证分析法研究了外汇盈余结构和货币政策调控压力间的关系,认为热钱与基础货币扩张的相关性最高,外商直接投资与基础货币扩张的相关性最弱,而外贸顺差的相关性介于热钱与外商直接投资之间。热钱流入在导致基础货币扩张后,造成货币政策被动紧缩,使货币政策体调控承受巨大压力。何慧刚(2007)运用外汇冲销干预有效性理论,考察了在外汇储备迅速积累情况下外汇冲销干预政策的效果。研究显示,短期内外汇冲销干预具有一定的效果,但长期内外汇冲销干预会制约货币政策独立性,还会产生通货膨胀、利率和汇率上升、滞胀这些负面效应。

巴曙松(2007)认为,按照当前的国际形势以及国内经济的增长方式和结构特征,想要在短期内遏制住中国外汇储备的增长势头比较困难。外汇储备规模的膨胀会给经济发展造成许多问题,比如国内金融市场流动性过剩、中央银行对冲成本上升和宏观经济政策内外平衡压力变大等。岳意定和张璇(2007)运用协整理论和 VAR 模型进行实证分析,结果表明,不论长期或短期,外汇储备和基础货币之间都存在明显的影响关系,长期协整关系是成立的。孔立平和朱志国(2007)运用实证分析法以中央银行资产负债表和货币数量论为基础进行研究,结果表明,我国外汇储备增长是造成流动性过剩的原因。许冬玲和许先普（2008）指出，外汇储备是货币供给的重要来源，所以贸易余额和资本流动会导致货币供给变动。尤其是外汇占款会通过乘数作用使货币供给成倍增长。外汇储备变动影响货币政策效果的途径有货币供给量、货币供给内生性和货币供给结构等。范从来和赵永清（2009）用两种方法检验了中国货币政策自主性。第一种方法是从外部冲击方面，采用 Granger 因果检验对货币数量与外汇储备的关系进行分析。第二种方法是从内部作用机制系统性方面，构建 VAR 的误差修正模型检验利率变动与货币数量的关系。分析结果表明，1996~2008 年中国货币政策保持高度自主性。孙力军和黄波（2009）选取 2001~2008 年的季度数据作为研究样本，通过 VAR 模型的脉冲响应函数和方差分解等方法的运用，研究了我国货币政策中介目标和最终目标的动态关系。研究结果表明，货币供给量与实际产出、外汇储备、通货膨胀率正相关关系，与名义利率负相关关系。汪洋（2009）在面对我国外汇储备急剧增长，流动性过剩的背景下，根据对中国主权财富基金——中国投资公司资产负债表的研究，发现中国投资公司的运作反而加剧了流动性的压力，限制了货币政策的有效性。建议财政部应在恰当时机涉足外汇储备管理，增强中央银行的独立性。刘林（2010）综合运用 VAR 模型、Granger 因果关系检验、脉冲响应和非线性回归法，对我国外汇市场干预、汇率与货币政策的关系及外汇市场冲销干预的有效性进行研究。研究结果显示，中央银行的干预操作使货币供给增加，最终可能引起汇率升值。货币供给增加还会带来通货膨胀压力，为此中央银行提高利率回收货币。在不同的研究时期，中央银行冲销政策有效性的表现不一样。法文宗（2010）通过外汇储备对货币政策的传导机制以及货币供给内生性等方面的分析，认为外汇储备增长促使货币供给内生性增强，并且改变了货币政策的传导机制，最终削弱货币政策的独立性。向宇和余晓羽（2011）认为，外汇储备对我国货币政策最终目标的实现有影响。外汇储备变动对物价水平有正向影响，与经济增长之间存在协整关系。牛晓健和陶川（2011）构建 SVAR 模型分析外汇占款从货币到信贷这一传导过程对货币政策的影响程度，结果表明，外汇占款增长对货币供给量和金融机构贷款有显著影响，削弱了货币政策的有效性。王三兴（2011）建立国内市场利率决定模型，回归分析的结果显示，外汇储备增长对国内利率无显著影响，外汇储备规模的扩大未对货币政策独立性产生系统影响。毕海霞和程京京（2012）指出，我国外汇储备规模扩大造成较大机会成本，而且外汇储备币种结构的单一化增加了贬值风险，高额的外汇储备影响了货币政策有效性。张开宇（2014）运用抛补平价说和蒙代尔—弗莱明模型对不同时期外汇占款对货币供给量的影响进行研究，结果显示，外汇占款变动对货币供给量存在显著影响。邢全伟（2018）指出，外汇储备货币化对通货膨胀的影响很大。刘睿倪和程惠芳（2018）认为，外汇储备变动对消费者物价指数、国内生产总值、广义货币供给量和国内信贷余额产生影响，并存在长期稳定的协整关系。聂丽和石凯（2019）认为，外汇储备变化引发逆向汇率变化但变化并不显著。

根据以上外汇储备增长对货币政策的影响的综述，可以把国外和国内学者所持有的观点归纳为几个方面：在开放经济体中外汇储备持续积累会导致外汇占款增长，最终导致货币供给量增加，引起通货膨胀和国内生产总值的变化，削弱中央银行货币政策的独立性和有效性。中央银行为应对外汇储备增长所产生的压力，被迫实施冲销政策。在短期内，冲销政策对控制货币供给量有效，但长期冲销政策会影响货币政策有效性。外汇储备规模变化影响货币政策的途径有货币供给量、货币供给内生性增强、货币供给结构变化和货币政策目标偏移。外汇储备增长对货币政策影响的计量方法主要有 Granger 因果检验、VAR 模型、脉冲响应、方差分解和非线性回归法。外汇储备积累对维护货币自主权起着关键性作用，能够减少发生通货膨胀的可能性，增加产出，降低金融风险。但是，持续的储备积累会导致其他一些风险，比如较高的干预成本、货币不均衡、信贷过热、资本市场流动性过强和扭曲银行系统。

四、文献综述小结

在外汇储备增长的原因方面，国内外学者关注的主要因素是：规避政治和金融风险而产生的较高的国际储备预防需求；中央银行限制汇率弹性的举措和不对称干预行为；实际有效汇率波动、外商直接投资、持有储备的机会成本、国内外利差等经济因素的变化。除此以外，一些制度因素如外汇体制改革、汇率制度以及外汇市场干预都与外汇储备变动相关。

在货币政策效果方面，学者认为全球性因素、金融市场成熟程度、银行过度流动性和汇率制度等都会对货币政策的有效性和独立性造成影响。常用的研究方法主要有 Markov 机制转换模型、向量自回归、McCallum 法则和新凯恩斯模型。

在外汇储备变动对货币政策的影响方面，国内外大多数学者都认为持续的外汇储备积累会引起外汇占款增加，继而引起货币供给量增加，弱化了货币政策的独立性和有效性。冲销政策短期内能起到控制货币供给量的作用，长期则会影响到货币政策的实施效果。外汇储备变动通过货币供给量、货币供给内生性增强和货币结构变化对货币政策产生影响。另外，有一部分学者认为，外汇储备积累有一定的优越性，能维护货币自主权，增加产出和降低金融风险，但持续的储备积累也会导致较高干预成本、信贷过热、资本市场流动性过强等风险。

这些文献从不同角度对开放经济因素与货币政策之间的关系进行了探讨，为本书的研究提供了有价值的参考。但是，现有文献对开放经济下货币政策的研究，由于视角不同，研究侧重各不相同，而且这些文献中针对外汇储备影响货币政策的研究比较零散，都只是从某个角度进行讨论，未能进行全面系统的分析。事实上，外汇储备与货币政策的关系涉及国内经济和国际经济的相互影响相互渗透，以及各经济变量之间的联动变化，是需要做全面分析的。因此，本书在开放经济条件下，通过开放经济因素（尤其是外汇储备因素）从多个方面对我国货币政策效果进行分析。

第四节　研究框架和主要创新

一、研究框架

本书基本遵循"提出问题—文献综述—理论分析—实证检验—政策建议"的学术规范。全书研究的主要内容如下：

在第一章绪论部分明确本书的主要研究对象后，第二章对相关基础理论进行阐述，第三章对我国不同时期的外汇储备以及货币政策的发展、变化进行阐述与剖析，表明外汇储备的规模变化对我国货币政策的调控造成了压力，限制了货币政策实施的灵活性与独立性。

第四章在开放经济的背景下，对我国货币供给状况进行研究。结果表明，外汇储备变动导致外汇占款变动，最后在乘数作用下导致我国货币供给量成倍变动，影响了我国货币政策的实施效果。

第五章进一步对我国货币供给内生性进行分析。结果表明，货币供给的内生性限制了以货币供给量为中介目标的货币政策调节作用，货币供给管理需要与货币需求管理配合实施。

第六章在开放条件下对我国货币政策传导机制进行了研究。在理论分析的基础上，对利率传导途径、汇率传导途径和信贷传导途径进行了实证分析，研究表明，三大传导渠道在运作过程中其效应发挥受阻。

第七章分析开放经济因素对我国通货膨胀的影响。从理论和实证的角度，阐述开放经济因素和通货膨胀的关系，研究表明，外汇储备与价格指数之间存在长期的均衡关系。

第八章给出本书的主要研究结论和政策建议。

本书研究的技术路线如图 1-2 所示。

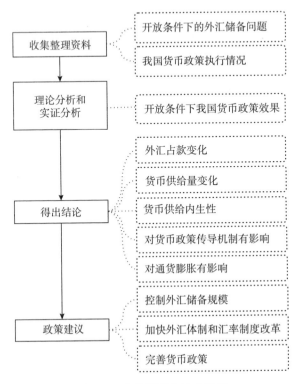

图 1-2　本书的研究技术路线

二、主要创新及不足

货币政策效果分析是一个涉及范围比较广泛的课题，对其进行系统研究是一个具有挑战性的工作。本书在开放条件下，立足我国实际国情，全面、系统地研究了我国货币政策效果。主要创新如下：

一是在研究货币供给量变化时，将整个过程更为细致地划分为两个阶段进行分析，第一阶段实证检验外汇储备对外汇占款的影响，第二阶段实证检验外汇占款对货币供给的影响，从而可以更详细、更清晰地了解开放经济因素对货币供给造成影响的过程中哪个环节的影响作用强或弱，各自的影响系数能达到多少。同时，将三个货币层次 M0、M1 和 M2 纳入模型中作为研究对象，有利于比较分析外汇储备及外汇占款对货币供给各层次影响作用的差异和特点，这有助于在制定货币政策时有所侧重，区别对待。最后指出，外汇储备变动对各货币层次的影响力度不同，但对 M0、M1 和 M2 均具有持续、稳定的拉动作用，外汇储备变动是我国货币供给量变化的重要原因。

二是将外汇储备因素纳入货币政策传导机制中，检验了开放条件下我国货币政策利率传导机制、汇率传导机制和信贷传导机制的有效性。在外汇储备变动背景下对货币政策传导机制的研究，拓展了我国货币政策传导机制及其影响因素的研究范围，加深了对我国货币政策传导机制失效的理解，并进一步分析导致其失效的原因。

三是分析我国通货膨胀时，选取居民消费价格指数（CPI）、工业生产者价格指数（PPI）和企业商品价格指数（CGPI）作为考察物价走势的指标。在研究产品价格变化时，居民消费价格指数（CPI）、工业生产者价格指数（PPI）和企业商品价格指数（CGPI）三大指数各有侧重，同时采用可互补不足，这样可以更为全面地和准确地反映出开放经济因素变动对我国通货膨胀的影响，以及对不同价格指数的影响程度。

本书研究也存在一些不足。例如，从外汇储备结构的视角研究我国货币政策问题，由于中央银行未对外公布中国外汇储备的投资结构和数据，所以对此问题只进行了粗浅的分析。外汇储备资产的收益、成本、风险对货币政策有效性的影响将是未来跟踪研究的内容。

第二章 相关基础理论

第一节 外汇储备理论基础

一、外汇储备规模

外汇储备规模理论是指适度规模理论和外汇储备需求理论。该理论倡导外汇储备持有规模应当适度，既满足国际收支和外汇市场干预操作的需求，又不宜过量，否则会导致持有储备的边际成本较大，效率低下和资源浪费。

（一）比例法

1. 外汇储备/进口比例法

Triffin（1960）在其著作《黄金与美元危机》（*Gold and Dollar Crisis*）中提出一国国际储备的合理数量，国际储备占该国年度进口总额的 20%~40%。实行外汇管制的国家，在有效控制进口的前提下，储备量可以少一些，但最低限是 20%。不实行外汇管制的国家，储备应该多一些，但上限为 40%。对大部分国家而言，持有储备占年进口总额的比例在 25% 左右比较合理。

2. 外汇储备/货币供给量比例法

货币主义学派的 Brown（1964）和 Johnson（1958）提出实施固定汇率制的国家，应使外汇储备与货币供给量的比例控制在 10%~20%。对于实施浮动汇率制的国家而言，这个比例应控制在 5%~10%。

3. 外汇储备/短期外债比例法

阿根廷原财政部副部长 Guidotti 等（2004）提出，要从国家外债还本付息的角度考虑外汇储备需求。在不对外举债的前提下，一国外汇储备的需求量应大于一年内到期的外债本息，即最佳比例不低于 100%。这就是著名的 Guidotti 法则。

之后，前美国联邦储备委员会主席 Greenspan 对 Guidotti 法则进行了两个改进。首先加入了一个附加规则，一国外债的平均到期应超出一个基准年限，比如 3 年。其次提出应计算一国的流动性头寸，引入风险流动性标准。这就是后来的 Greenspan-Guidotti 法则。

（二）回归分析法

1. Flanders 模型

Flanders（1971）采用 57 个国家 1950~1965 年的年度数据对发展中国家的储备需求函数进行分析。Flanders 重点考察了储备占进口的比例与私人银行外汇储备、官方外汇储备、储备额变化的方差、GNP 增长率、用生活成本指数调整的汇率、人均收入和出口收益的不稳定性之间的关系。储备需求函数形式为：

$$L/M = \alpha_0 + \alpha_1 F/L + \alpha_2 \delta_L + \alpha_3 GR + \alpha_4 D + \alpha_5 Y + \alpha_6 V \tag{2-1}$$

其中，L/M 是国际清偿力与进口额的比例；F/L 是官方外汇储备与国际清偿力的平均比例；δ_L 是储备变动系数；GR 是用生活水平指数调整的 GNP 增长率；D 是用生活水平指数调整的本币贬值程度；Y 是人均 GNP 占美国人均 GNP 的百分比；V 是出口变动系数。

储备需求函数将各种影响因素纳入到模型中，考虑比较周全，但用数据进行检验时，效果并不理想。想要准确估算国家外汇储备需求是比较困难的。

2. Frenkel 模型

Frenkel（1974）将发达国家与发展中国家的储备需求进行对比分析，考察发达国家与发展中国家在储备需求函数结构方面的差异性，研究结果表明，两类国家的储备需求函数的影响因素大致相同。Frenkel 以柯布—道格拉斯生产函数为基础构建以下模型：

$$R = Am^{\alpha_1}\sigma^{\alpha_2}M^{\alpha_3} \tag{2-2}$$

取对数后，得：

$$\ln R = \alpha_0 + \alpha_1 \ln m + \alpha_2 \ln\sigma + \alpha_3 \ln M \tag{2-3}$$

其中，R 是储备需求量；m 是平均进口倾向，m = M/Y，M 是国际交易规模，Y 是 GNP；σ 是国际收支变动率。

运用该模型进行回归分析，Frenkel 的研究结论表明，R 与 m、σ、M 之间呈正方向变动关系。对比发达国家和发展中国家的模型中的参数，发现发展中国家的外汇储备需求对平均进口倾向的弹性 α_1 小于发达国家，对国际收支变动率的弹性 α_2 也小于发达国家，而对国际交易规模的弹性 α_3 大于发达国家。

之后，Frenkel 和 Jovanovic（1981）对 22 个发达国家 1971~1975 年的年度数据进行面板回归分析，解释变量为国际收支波动幅度（σ）和储备机会成本（r），此机会成本用政府债券利率来代替，所构建的模型为：

$$\ln R = \alpha_0 + \alpha_1 \ln\sigma + \alpha_2 \ln r + \mu \tag{2-4}$$

模型估计结果与理论相吻合，但 Frenkel 和 Jovanovic（1981）认为，方程系数估计值对方程和样本选取的敏感度高，所以结论可靠性较低。

3. Iyoha 模型

Iyoha（1976）对发展中国家的储备需求进行分析后，提出储备需求的抽象表达式：

$$R = f(x^e, \sigma^2, r, p) \quad f_1, f_2, f_3, f_4 > 0 \tag{2-5}$$

而且，Iyoha 还将储备需求量的调整视为一个动态发展过程，储备需求量受前一期和前二期储备额的影响。储备需求函数的具体表达式如下：

$$R = \alpha_0 + \alpha_1 x^e + \alpha_2 \sigma^2 + \alpha_3 r + \alpha_4 p + \alpha_5 R_{-1} + \alpha_6 R_{-2} + \epsilon \qquad (2-6)$$

其中，R 是储备需求量；x^e 是预期出口收入；σ^2 是进出口收入的变动率；r 是持有外汇资产的利率；p 是国家经济的开放程度；R_{-1} 是前一期储备额；R_{-2} 是前二期储备额。

该模型的参数估计值表明，发展中国家的储备需求量与 x^e、σ^2、r 和 p 呈正向变动关系。经检验，模型估计结果比较理想，是较为有效的储备需求模型。

（三） Edwards 动态调整模型

Edwards （1984） 在研究发展中国家外汇储备需求模型时，将货币市场非均衡因素也纳入模型中，提出的外汇储备需求的动态调整模型为：

$$\Delta \log R_t = \alpha(\log R_t^* - \log R_{t-1}) + \beta(\log M_t^* - \log M_{t-1}) \qquad (2-7)$$

其中，R_t 是 t 期实际储备需求；R_t^* 是 t 期适度外汇储备需求；R_{t-1} 是 t-1 期实际外汇储备需求；M_t^* 是 t 期货币需求；M_{t-1} 是 t-1 期实际货币供给。

Edwards 动态调整模型表明储备需求量的变化源自本期外汇储备需求与上期实际外汇储备之差，除此之外，还源自本期货币需求与上期实际货币供给之差，即货币市场的非均衡。

（四） 成本收益法

20 世纪 60 年代，部分学者立足于微观经济学的利润最大化理论，假定政府追求最大经济利益，当持有储备的边际成本与边际收益相等时，此时的储备量即为最优。

1. Heller 模型

Heller （1966） 用边际进口倾向倒数 $(\frac{1}{m})$ 和储备消耗概率 （π） 的乘积 $(\frac{\pi}{m})$ 来表示储备的边际收益。持有储备的机会成本为 r，是资本的社会收益率与持有储备本身的收益率之差。同时，Heller 认为，国际收支差额的发生是一个对称的随机过程，储备的年平均变化额为 h，顺差和逆差的概率相同，都为 0.5。根据边际收益和边际成本相等时的储备额是最优值的理论，最优储备需求量为：

$$R_{OPT} = h \frac{\log (r \cdot m)}{\log 0.5} \tag{2-8}$$

Heller 模型的拟合结果与当时的社会经济状况比较相符。Heller 将微观经济学的理论运用到储备需求模型的构建中，是理论研究工作的一大进步。但是，模型存在一些不足，例如，模型没有考虑干预外汇市场所需要的储备量，只考虑了调节国际收支逆差所需要的储备量；模型所估算的最优储备需求量只适用于发达国家，而不适用于发展中国家；在实际操作中，资本的社会收益率难以测算。

2. Agarwal 模型

Agarwal（1971）模型只是针对发展中国家的情况而建立的储备需求模型。Agarwal 发现，发展中国家存在一些问题：进出口弹性较小；有闲置资源；常用行政手段对进口实施管制；在国际市场上融资能力不足。基于这样的认识，Agarwal 认为，持有储备的机会成本是用外汇进口必需品后所能生产的那部分产品的价值，而持有储备的收益是在发生预料之外的国际收支逆差时因持有储备所节省的国内产出。根据边际收益等于边际成本，最优储备需求模型为：

$$R_{OPT} = \frac{D}{\log \pi}(\log m + \log q_2 - \log q_1) \tag{2-9}$$

其中，D 是国际收支逆差额；m 是资本产出效益；q_2 是进口资本品与总产出的比例；q_1 是追加资本品的进口比例；π 是逆差出现概率。

Agarwal 模型是对 Heller 模型的一种完善，弥补了 Heller 模型的一些不足，比如在构建模型时充分考虑到了发展中国家的实际情况。经检验，在估算发展中国家的储备适度规模时，Agarwal 模型表现出较好的拟合性。但是，该模型仍然存在一些缺陷，诸如假设持有储备的收益是储备的线性函数，这与实际是不符的。另外，与 Heller 模型一样，在储备资产的社会收益率估算方面 Agarwal 模型同样存在实际操作的困难。

二、外汇储备结构

外汇储备结构管理的目的是确保储备资产实现安全性、流动性和盈利性。安全性主要指储备资产本身价值的稳定和存放可靠，不会遭受损失；流动性是确保储备资产可随时变现，满足贸易或融资需求；盈利性指储备资产在安全、流动的基础上尽可能实现较高的收益。一般而言，安全性和流动性成正比，安全性、流动性和盈利性成反比①。

（一）Heller-Knight 模型

Heller 和 Knight（1978）在系统研究外汇储备货币结构后，认为汇率安排和贸易收支结构是决定储备货币币种结构的重要因素。

在不同汇率安排下，储备币种分配有所差异。对于盯住单一货币的汇率安排的国家，外汇储备中所盯住的货币的比例一般会比较高。对于盯住一篮子货币的汇率安排的国家，外汇储备中不同币种的持有量需按照篮子中货币的权数分配。对于实施浮动汇率制的国家，外汇储备要按例如进口权数之类的有效性汇率指数进行资产组合。贸易收支结构同样会影响储备货币币种结构。一般来说，持有的储备货币应与储备货币国的贸易额呈正向变动关系。

Heller-Knight 模型清晰地阐明了汇率安排和贸易收支结构对储备货币币种结构的决定作用，但模型对具体如何分配储备币种却未作解释，而且没有考虑到外债结构、储备货币的收益与风险问题。

（二）Dooley 模型

Dooley（1989）认为，在分配储备币种时交易成本的影响作用比较显

---

① 喻海燕. 中国外汇储备有效管理研究［M］. 北京：中国金融出版社，2010：31.

著，其对 58 个国家 1976~1985 年的外汇储备状况进行研究后，分析结果显示汇率安排和国际货币交易对外汇储备的币种结构产生重要影响。外汇储备币种结构是由贸易对象、外债结构和汇率安排共同决定的。Dooley 模型的具体形式为：

$$\frac{A_{i,k,t}}{\overline{A}_{i,t}} = \beta_0 + \sum_{\substack{v=1 \\ v \neq i}}^{5} \beta_{1,v}\left(\frac{TR_{i,v,t}}{TT_{i,t}}\right) + \sum_{\substack{v=1 \\ v \neq i}}^{5} \beta_{2,v}\left(\frac{D_{i,v,t}}{TT_{i,t}}\right) + \sum_{s=1}^{5} \beta_{3,s} E_{i,s,t} + U_{i,t} \quad (2-10)$$

其中，i = 1，2，3，…，n 是国家数量；k = 1，2，3，4，5 是储备货币国家数量；t = 1，2，3，…，T 是时期；v 是储备货币国；$A_{i,k,t}$ 是 t 期 i 国拥有的储备中以 k 国货币持有的部分；$\overline{A}_{i,t}$ 是 t 期 i 国持有的外汇储备总额；$TR_{i,v,t}$ 是 t 期 i 国与储备货币国 v 之间的出口和进口的总和；$TT_{i,t}$ 是 t 期 i 国出口、进口与利息支付额的总和；$D_{i,v,t}$ 是 t 期 i 国用储备货币国 v 的货币支付的债额；s = 1，2，3，4，5 是汇率安排；$E_{i,s,t}$ 是 t 期 i 国的汇率安排。

因为 Dooley 模型中引入了外债结构对外汇储备币种分配影响作用的分析，所以较之 Heller-Knight 模型更贴合实际，应用性更强。

（三）外汇储备资产组合理论

Markowitz（1952）指出，有效的资产管理需求对资产组合进行结构优化，目的是降低风险，获得最大收益，能够选取适合投资者风险偏好的最优投资组合。之后，Markowitz（1959）进一步阐明，在一定的方差水平下，若某投资组合有最高均值收益或表述为对给定的期望收益具有最小风险，则该投资组合即为最优资产组合。将 Markowitz 和 Tobin 的资产选择理论综合在一起，就构成了外汇储备资产组合理论。该理论把外汇储备资产预期收益的加权平均作为资产组合的收益，把收益的方差作为资产组合的风险，采用均值—方差分析法进行研究，以资产分散来降低风险，以实现最优组合。

三、国际收支的货币分析法①

一国国际收支与其货币供给之间的密切联系表明,中央银行储备的波动可视为货币市场变化的结果。这一分析国际收支的方法被称作国际收支的货币分析法。该方法于 20 世纪五六十年代由雅克·J. 波兰克领导下的 IMF 研究机构和芝加哥大学的哈里·G. 约翰逊、罗伯特·A. 蒙代尔及其学生发展起来。

用一个联系国际收支与货币市场的简单模型来描述货币分析法。当实际货币供给等于实际货币需求时货币市场达到均衡,即:

$$M^s/P = L(R, Y) \tag{2-11}$$

令 F^* 表示中央银行的国外资产(用本币计算),A 表示其国内资产(国内信贷)。如果 μ 被定义为反映中央银行总资产(F^*+A)和货币供给之间关系的货币乘数,则:

$$M^s = \mu(F^* + A) \tag{2-12}$$

任一时期的中央银行国外资产的变化 ΔF^* 都等于同期的国际收支(指非储备货币发行国)。合并式(2-11)和式(2-12),中央银行的国外资产可表示为:

$$F^* = (1/\mu) PL(R, Y) - A \tag{2-13}$$

假设 μ 是常数,则国际收支盈余为:

$$\Delta F^* = (1/\mu) \Delta PL(R, Y) - \Delta A \tag{2-14}$$

式(2-14)总结了货币分析法。其中,右边第一项反映了名义货币需求的变化,它表明当其他条件不变时,货币需求的增加会带来国际收支盈余,与此同时,货币市场均衡要求货币供给也增加。右边第二项反映了货币市场上的供给因素,当其他条件不变时,国内信贷的增加会使货币供给相对于货币需求增加。因此,必须出现国际收支赤字才能减少货币供给,恢复货币市场均衡。

---

① 保罗·克鲁格曼,茅瑞斯·奥伯斯法尔德. 国际经济学(第四版)[M]. 海闻等译. 北京:中国人民大学出版社,1998:482-483.

货币分析法的重要贡献在于强调在许多情况下，国际收支问题直接起因于货币市场的非均衡，因此依靠货币政策来解决问题是最适宜的。

第二节 货币政策理论基础

一、货币中性理论与货币非中性理论

货币政策的实施能否影响产出、就业等实际经济变量，对这个问题的分析就是货币中性理论与货币非中性理论。货币中性指货币供给的变动对实际经济活动不发生影响。哈耶克认为，货币中性的前提条件是保持货币供给量的稳定。而理性预期学派认为，由于存在理性预期，货币的任何变化及其对经济可能产生的影响都会因为人民的合理预期而抵消，货币对经济行为和经济过程不发生任何实质性影响，即货币当局只能影响名义变量而不能影响实际变量[1]。反过来，如果货币供给的变动能够影响实际经济变量，我们就说货币是非中性的。

（一）货币中性理论

法国经济学家萨伊认为，货币只是笼罩在经济实体上的一层面纱，经济交易的实质是物品之间的交换，货币只充当商品交易的媒介，对商品交易本身没有实质性影响，货币供给的增减仅只会引起商品价格水平的涨跌。[2] Hume（1752）进行了另一种表述，认为流通中的货币数量对绝对价格水平有影响，而对相对价格体系和实际产出水平没有影响。唐·帕廷金指出，在预算约束条

---

[1] 姜波克. 开放经济下的货币市场调控 [M]. 上海：复旦大学出版社，1999：14.

[2] 萨伊. 政治经济学概论 [M]. 陈福生，陈振骅译. 北京：商务印书馆，1997.

件下，追求效用最大化的无货币幻觉①的经济个体的需求函数，取决于相对价格、利率和初始财富的实际价值。当新增货币进入流通市场时，以该货币表示的每种商品的价格、负债额、初始持有货币的名义价值都将等比例下降，因而相对价格和初始财富的实际价值没有受到影响，每种商品的需求数量保持不变。②

(二) 货币非中性理论

瑞典经济学家 Wicksell 在提出货币中性概念的同时，也说明货币保持中性是有条件的，货币不一定是中性的。Wicksell 认为，货币经济是不同于实物经济的。在货币经济中，由于货币对经济活动的渗透和参与，货币绝不只是商品交易的媒介，它将通过实现价值贮藏、媒介资本转移等职能对实际经济产生重大影响。因此，若货币使用得当，则货币可对经济产生积极作用，能维持经济均衡，促进经济增长；反之，若货币使用不当，则货币可对经济产生消极作用，导致经济波动。③

为说明货币对实际经济变量产生的影响作用，Wicksell 把利率区分为货币利率和自然利率。所谓货币利率（也称为市场利率），主要指在借贷活动中实际形成并用以计算借款人应付利息的利率。所谓自然利率，主要指相当于新投资的预期收益率的利率。如果货币利率等于自然利率，则货币经济就与实物经济一样，货币对经济保持中立，实现货币均衡。但由于货币利率和自然利率总是处于变化过程中，变动方式又各有不同，因此货币利率和自然利率并不相等。在这种情况下，经济均衡会被打破，商品价格、产出水平等实际经济变量会发生变动。

Wicksell 还进行了累积过程分析。在货币利率与自然利率不相等的情况

---

① 货币幻觉是指经济个体只关注货币的名义价值而忽略其实际购买力变化的一种心理错觉。

② 唐·帕廷金. 货币、利息与价格 [M]. 邓瑞索译. 北京：中国社会科学出版社，1996：298-303.

③ 盛松成，施兵超，陈建安. 现代货币经济学 [M]. 北京：中国金融出版社，2001：199-202.

下，如果货币利率小于自然利率，会导致生产的扩张和商品价格的上涨，而且这个过程是累积性的。不过，这种累积过程是有限制的。当货币利率逐渐被提高到与自然利率一致时，此种经济上升的累积过程就结束了，经济又恢复均衡。但如果货币利率大于自然利率，就会导致生产的收缩和商品价格的下跌。这种经济下滑的累积过程同样有限制，当货币利率逐渐下降到与自然利率一致时，累积过程也就结束了。①

二、货币政策有效性理论②

在经济学理论中，货币中性与非中性理论直接涉及货币政策的实施过程是否具有有效性。货币政策的有效性指货币政策的实施最终取得的效果，实现货币政策制定者的预期目的。货币政策对经济发展的影响是多方面的，包括对投资、消费、生产、国民收入分配、国际贸易、经济结构等方面的影响。

（一）古典学派

古典学派的代表人物萨伊认为，工资和价格是富有弹性的，总是能迅速做出调整，从而实际工资水平能够使劳动市场实现均衡，处于充分就业的状态，经济的产出也将位于潜在产量水平上。③ 因而，古典总供给曲线是一条垂直于横轴的直线，与横轴的交点即为潜在产量，如图 2-1 所示。在这种情况下，国家增加总需求的政策使 AD_0 右移至 AD_1，价格水平由 P_0 上涨至 P_1，但产量仍为潜在产量 y_f，即增加需求不能改变产量，只能造成物价上涨。所以，货币政策是无效的。

---

① 克努特·维克塞尔. 国民经济学讲义 [M]. 蔡受百，程伯撝译. 上海：上海译文出版社，1983：90-220.

② 王广谦. 中央银行学 [M]. 北京：高等教育出版社，2006：199-202；刘艳武. 中国货币政策有效性分析与选择 [D]. 长春：吉林大学博士学位论文，2004.

③ 萨伊. 政治经济学概论 [M]. 陈福生，陈振骅译. 北京：商务印书馆，1997.

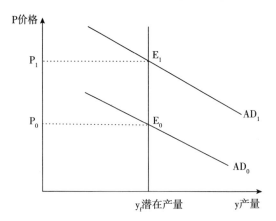

图 2-1　古典学派的总供给曲线

（二）凯恩斯学派

凯恩斯学派认为，中央银行可以通过调整市场利率来影响投资和有效需求，进而对产出和就业产生影响。只要存在闲置资源，则总需求的增加就会使产出增加。积极的财政政策和货币政策能够刺激总需求，以实现充分就业。但由于"流动性陷阱"的存在，货币增加不能无限制降低利率，所以货币政策刺激产出和就业增长的作用是有限的，因而还需要借助财政政策的力量来调节经济。

（三）货币主义学派

20 世纪 60 年代，以 Friedman 为代表的现代货币主义学派认为，货币供给增长是决定名义产出增长的主要因素。Friedman（1968）和 Phelps（1967）提出了附加预期的菲利普斯曲线，并分别用附加预期的短期菲利普斯曲线和长期菲利普斯曲线证明了货币政策的短期有效性和长期无效性，即短期内货币是非中性的，而长期内货币是中性的。货币主义学派主张货币供给按固定速率增长，即"单一规则"的货币政策，并在任何经济状况下都要维持这一速率。

（四）理性预期学派

美国经济学家 Muth（1961）提出理性预期的观点，之后由 Lucas（1972）和 Wallace（1981）等加以完善。理性预期学派认为 Friedman 提出的附加预期的菲利普斯曲线存在缺陷，公众的通货膨胀预期不是适应性预期而是理性预期。基于工资、价格完全可伸缩和理性预期的假定，预期变化会迅速传导到价格变化上，中央银行采取的反周期的货币政策都会因为公众的理性行为而抵消，货币政策不论在短期还是长期都是无效的。

三、Mundell-Fleming 模型

Mundell-Fleming 模型[①]是在开放经济环境中从国际收支均衡的角度考察货币量、价格、利率和汇率之间的关系。在商品、劳务和资本自由流动的前提下，分析宏观经济政策变动对产品市场、货币市场和外汇市场的影响。假设物价水平固定，资本完全流动，于是 $r = r_w$，即国内利率等于世界利率，模型基本形式为：

$$y = c(y) + i(r_w) + g + nx(e) \tag{2-15}$$

$$\frac{M}{P} = L(r_w, y) \tag{2-16}$$

式（2-15）是 IS* 曲线方程，表明产品市场的均衡。式（2-16）是 LM* 曲线方程，表明货币市场的均衡。其中，y 是国民收入；c 是消费；i 是投资；g 是政府购买性支出；nx 是净出口；e 是实际汇率；M 是名义货币供给；P 是国内价格水平；$\frac{M}{P}$ 是实际货币供给；r_w 是世界利率。

---

① Fleming J. M. Domestic Financial Policies under Fixed and under Floating Exchange Rates [J]. International Monetary Fund Staff Papers, 1962, 9 (3): 369-380; Mundell R. Capital Mobility and Stabilization Policy under Fixed and Flexible Exchange Rates [J]. The Canadian Journal of Economics and Political Science, 1963, 29 (4): 475-485.

图 2-2 中 IS* 曲线向右下方倾斜，而 LM* 曲线垂直于横轴，两曲线的交点处决定了均衡汇率 e* 和均衡收入 y*。该模型是分析宏观经济内外均衡调节比较有效的理论成果，但有一些缺陷，如模型忽略了国际资本市场中存量均衡的分析。

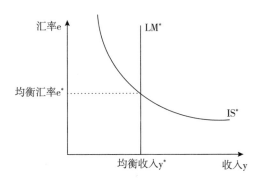

图 2-2　Mundell-Fleming 模型

四、三元悖论

在 Mundell-Fleming 模型的基础上，保罗·克鲁格曼（1999）进一步提出了三元悖论，即固定汇率、国际资本流动和货币政策自主权这三个政策目标是不兼容的，必须舍弃三个目标中的一个。

三元悖论可以用图 2-3 进行阐述。三角形的每个角代表了一个可行的政策选项，每个角顶端的标注表示所牺牲的政策目标，而三角形的每一条边上的标注表示可以实现的政策目标。[①]

三角形相邻两边表示可以实现的政策目标，而对边表示不得不牺牲的政策目标。根据三元悖论，在固定汇率、国际资本流动和货币政策自主权之间只能

---

① 罗伯特·C. 芬斯特拉，艾伦·M. 泰勒. 国际宏观经济学 [M]. 张友仁等译. 北京：中国人民大学出版社，2011：149.

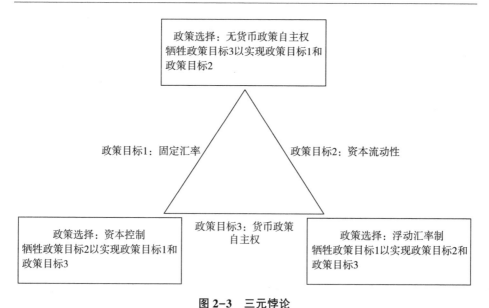

图 2-3　三元悖论

有三种选择：第一种，保持本国货币政策自主权和资本完全流动，必须放弃固定汇率制度；第二种，保持本国货币政策自主权和汇率稳定，必须放弃资本流动性，实现资本管制；第三种，保持汇率稳定和资本流动性，必须放弃本国货币政策自主权。

第三节　本章小结

本章的主要目的是介绍外汇储备和货币政策相关理论，为后文的分析提供理论基础。外汇储备理论基础主要分为外汇储备规模管理、外汇储备结构管理和国际收支的货币分析法。测度外汇储备规模的理论主要有比例法、回归分析法、Edwards 动态调整模型和成本收益法。外汇储备结构管理的理论主要有Heller-Knight 模型、Dooley 模型和外汇储备资产组合理论。

货币政策有效性理论中引入了货币中性理论与货币非中性理论，古典学派、凯恩斯学派、货币主义学派和理性预期学派对货币政策有效性所持有的观点，以及在分析货币政策有效性时经常采用的 Mundell-Fleming 模型和三元悖论。

第三章　我国外汇储备问题与货币政策执行情况

第一节　我国外汇储备问题

我国外汇储备跟随外汇管理体制改革、人民币汇率制度改革、国民经济体制改革和经济全球化程度的变化而变化。无论从规模方面、结构方面还是管理方面，在每个阶段我国外汇储备都呈现出新发展。

一、我国外汇储备的历史变迁

（一）1949~1978 年外汇储备情况

中华人民共和国成立初期，处于国民经济恢复阶段。1949 年，人民政府指定中国人民银行作为国家外汇管理机构。在这一时期，外汇储备管理政策是对外汇实行统收统支、以收定支，其基本原则是基本平衡、略有结余。1950 年我国外汇储备仅为 1.57 亿美元，1951 年更是低至 0.45 亿美元（见表 3-1）。1950~1978 年我国平均外汇储备约为 1.73 亿美元。

表 3-1 1950~2011 年中国外汇储备

单位：亿美元

年份	外汇储备	年份	外汇储备
1950	1.57	1981	27.08
1951	0.45	1982	69.86
1952	1.08	1983	89.01
1953	0.90	1984	82.20
1954	0.88	1985	26.44
1955	1.80	1986	20.72
1956	1.17	1987	29.23
1957	1.23	1988	33.72
1958	0.70	1989	55.50
1959	1.05	1990	110.93
1960	0.46	1991	217.12
1961	0.89	1992	194.43
1962	0.81	1993	211.99
1963	1.19	1994	516.20
1964	1.66	1995	735.97
1965	1.05	1996	1050.29
1966	2.11	1997	1398.90
1967	2.15	1998	1449.59
1968	2.46	1999	1546.75
1969	4.83	2000	1655.74
1970	0.88	2001	2121.65
1971	0.37	2002	2864.07
1972	2.36	2003	4032.51
1973	-0.81	2004	6099.32
1974	0	2005	8188.72
1975	1.83	2006	10663.44
1976	5.81	2007	15282.49
1977	9.52	2008	19460.30
1978	1.67	2009	23991.52
1979	8.40	2010	28473.38
1980	-12.96	2011	31811.48

资料来源：国家外汇管理局。

（二）1979~1993 年外汇储备情况

1979 年 3 月，国务院批准设立国家外汇管理局，开始管理全国外汇业务。同时，中国经济在这一阶段发生重大转变，开始实行对外开放政策和经济体制改革。1980 年我国正式恢复在 IMF 的合法席位。随着改革开放的深入和对外经济交流的加强，外汇储备初具规模。但是，这一时期的外汇储备规模变化不稳定，一些年份出现外汇储备负增长，如 1980 年外汇储备为−12.96 亿美元，不过总体上还是呈现增长较快的趋势（见图 3−1）。

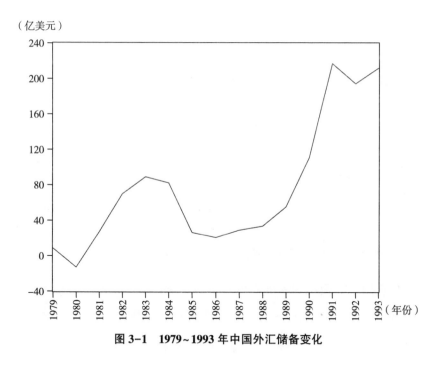

图 3−1 1979~1993 年中国外汇储备变化

（三）1994~2000 年外汇储备情况

1994 年 1 月 1 日，我国外汇管理体制进行了重大改革，取消经常项目下的外汇留成制度，实行银行结售汇制，允许人民币在经常项目下有条件可兑换。建立银行间外汇交易市场，取消外汇收支的指令性计划。人民币官方汇率与外汇调剂市场的汇率并轨，人民币汇率实行以市场供求为基础的、单一的、有管理的浮动汇率制。由表3-1可以看出，1994年我国外汇储备为516.20亿美元，1996年外汇储备突破1000亿美元，达到1050.29亿美元，外汇储备的数量逐年增长。

表3-2反映了1994~1997年我国外汇储备处于快速增长期，增长率比较高，而1998~2000年我国外汇储备增长放缓，增长率在3.62%~7.05%。原因是1994~1997年我国吸引的外资数量比较多，出口屡创新高，所以这段时期外汇储备快速增长；1998年以来，由于受到亚洲金融危机的影响，我国出口萎缩，吸引外资的规模减少，外汇储备增速减缓。

表3-2 1994~2000年中国外汇储备增长率

单位：%

年份	1994	1995	1996	1997	1998	1999	2000
外汇储备增长率	143.50	42.57	42.71	33.19	3.62	6.70	7.05

资料来源：根据国家外汇管理局的数据整理计算。

（四）2001~2020年外汇储备情况

2001年12月，我国加入世界贸易组织（WTO），与世界各国经济交流更为频密，经济全球化程度进一步提高。中国广阔的国内市场、优越的投资环境，吸引大量外商投资，对外贸易持续多年顺差，使我国外汇储备大幅增长（见图3-2）。根据表3-1，2001年我国外汇储备突破2000亿美元大关，为2121.65亿美元，2006年突破10000亿美元大关，为10663.44亿美元，2009年再创新高，我国外汇储备达到23991.52亿美元。2011年，我国外汇储备又一次刷新纪录，增至31811.48亿美元。2001~2011年，我国平均外汇储备为13908.08亿美元，年均增长率为31.1%。2014年，我国外汇储备一度增至

38430. 18 亿美元，2021 年回落至 32501. 66 亿美元。

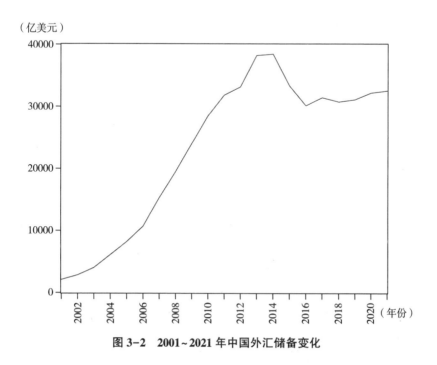

图 3-2 2001~2021 年中国外汇储备变化

二、我国外汇储备的规模分析

(一) 基于比例法的外汇储备适度规模

以下用外汇储备/进口比例法、外汇储备/货币供给量比例法和外汇储备/短期外债比例法考察我国外汇储备规模的适度性。

1. 外汇储备/进口比例法

Triffin 认为一国外汇储备的合理数量应占进口总额的 20%~40%，最低限是 20%，25% 最为适宜，这样才能保证国家的用汇需要和正常的对外支付。

从表 3-3 可以看到，自 1994 年开始我国外汇储备/进口的比值快速增长，一直高于40%，2004年以后，这个比值开始高于100%，在2009年和2010年甚至高于200%。2011~2020年，外汇储备/进口的比值有所下降，最小值为143.87%。按照Triffin的以40%为上限的经验数据，我国持有的外汇储备数量已远远高于标准。

表3-3　1994~2020年我国外汇储备/进口比值

单位：%

年份	1994	1995	1996	1997	1998	1999	2000	2001	2002
外汇储备/进口	44.65	55.72	75.65	98.26	103.36	93.35	73.56	87.11	97.03
年份	2003	2004	2005	2006	2007	2008	2009	2010	2011
外汇储备/进口	97.70	108.68	124.08	134.73	159.84	171.82	238.50	203.93	182.46
年份	2012	2013	2014	2015	2016	2017	2018	2019	2020
外汇储备/进口	182.12	195.97	196.15	198.29	189.59	170.30	143.87	149.53	155.69

资料来源：根据国家外汇管理局、国家统计局的数据整理计算。

2. 外汇储备/货币供给量

货币主义学派的Brown和Johnson认为对实施固定汇率制的国家，外汇储备/货币供给量的合理比值应控制在10%~20%。表3-4给出了1994~2020年我国外汇储备/货币供给量的比值，只有1994年该比值小于10%，1995~2004年该比值的波动范围在10%~20%，2005年该比值达到22.45%，之后一直到2013年比值都高于20%，比值最高的年份是2007年，达到28.80%。外汇储备/货币供给量的比值变化反映了我国外汇储备的增长已超越了货币供给量的增长，外汇储备规模庞大。从2014年起，外汇储备/货币供给量的比值逐渐回落到20%以下，2020年该比值为10.15%。

表3-4　1994~2020年我国外汇储备/货币供给量比值

单位：%

年份	1994	1995	1996	1997	1998	1999	2000	2001	2002
外汇储备/货币供给量	9.48	10.12	11.48	12.74	11.48	10.68	10.18	11.09	12.81

续表

年份	2003	2004	2005	2006	2007	2008	2009	2010	2011
外汇储备/货币供给量	15.09	19.87	22.45	24.60	28.80	28.44	26.86	26.56	24.13
年份	2012	2013	2014	2015	2016	2017	2018	2019	2020
外汇储备/货币供给量	21.46	21.39	19.22	14.90	12.90	12.54	11.13	10.79	10.15

资料来源：根据国家外汇管理局、国家统计局的数据整理计算。

3. 外汇储备/短期外债比例法

外汇储备/短期外债的比例可以用来反映一国对即期债务的清偿能力，检验一国外汇储备充当该国金融支付准备金的职能。按照 Guidotti 法则，这个比例不能低于100%，即一国外汇储备应大于一年内到期的外债本息。表3-5 中的数据表明我国外汇储备/短期外债的比值非常高。1994 年该比值为495.63%，其后该比值处于上升趋势，2000 年高达 1265.86%。2001 年该比值有所下降，为 419.46%，原因是自 2001 年起我国按照国际标准对外债口径进行了调整。2002~2007 年该比值比较稳定，控制在 500%~600%。2008 年该比例提高较大，达到 860.01%，2009 年增至 925.39%。从 2011 年起，该比值开始逐渐下降，2020 年为 244.35%。

表 3-5　1994~2020 年我国外汇储备/短期外债比值

单位：%

年份	1994	1995	1996	1997	1998	1999	2000	2001	2002
外汇储备/短期外债	495.63	617.63	744.46	771.17	835.98	1018.94	1265.86	419.46	513.27
年份	2003	2004	2005	2006	2007	2008	2009	2010	2011
外汇储备/短期外债	523.40	584.74	524.44	535.23	648.41	860.01	925.39	757.89	635.09
年份	2012	2013	2014	2015	2016	2017	2018	2019	2020
外汇储备/短期外债	612.20	564.76	296.03	375.29	347.62	274.17	238.35	254.99	244.35

资料来源：根据国家外汇管理局、国家统计局的数据整理计算。

（二）外汇储备的国际比较

为进一步阐述我国外汇储备的持有状况，现将外汇储备水平进行国际比较，连同我国外汇储备居世界的位次和占世界的比重一并进行分析。

如表 3-6 所示，我国外汇储备水平在世界范围内处于领先地位，除 2000 年和 2005 年低于日本外，其余年份不仅高于发达国家水平，而且高于发展中其他国家水平，外汇储备数量庞大。另外，从中国外汇储备居世界的位次（见表 3-7）也可以清晰地看出，1978 年我国外汇储备水平还比较低，世界排名是第 38 位，1980 年是第 36 位，经过 10 年的发展，于 1990 年跃居第 9 位，1995 年一跃成为第 2 位，这个排名一直保持到 2005 年，2006 年我国外汇储备世界排名第 1 位，成为全球外汇储备第一大国并保持至今。中国外汇储备占世界的比重也从 2000 年的 8.6% 快速上升到 2010 年的 30.7%。2010～2017 年，中国外汇储备占世界的比重基本保持在 30% 左右（见表 3-8）。

表 3-6　2000～2017 年外汇储备数量的国际比较

单位：亿美元

年份	2000	2005	2008	2009	2010	2011	2014	2015	2017
中国	1656	8189	19460	23992	28473	31811	38430	33303	31399
印度	373	1310	2466	2586	2678	2629	2960	3343	3851
日本	3472	8288	10037	9970	10363	12212	12002	12070	12026
韩国	959	2100	2005	2652	2869	2982	3536	3632	3795
马来西亚	274	694	906	929	1023	1290	1118	940	989
菲律宾	130	158	330	375	540	657	703	740	716
泰国	319	505	1083	1336	1657	1652	1491	1513	1941
南非	58	183	302	324	354	398	415	416	427
加拿大	290	307	415	426	449	528	628	797	767
墨西哥	351	730	940	941	1149	1375	1852	1735	1649
美国	312	378	496	505	521	519	419	1065	428
阿根廷	244	227	444	429	466	401	260	234	501

续表

年份	2000	2005	2008	2009	2010	2011	2014	2015	2017
巴西	324	532	1928	2319	2806	3434	3548	3542	3655
法国	321	240	304	277	362	261	287	552	377
德国	497	398	386	369	374	381	372	585	374
意大利	224	235	353	345	357	342	333	470	376
俄罗斯	243	1757	4107	4058	4329	4412	3277	3198	3465
英国	342	359	416	380	493	562	764	1190	1204

资料来源：国家统计局。

表 3-7 1978~2017 年中国外汇储备的世界排位

年份	1978	1980	1990	1995	2000	2001	2003
外汇储备位次	38	36	9	2	2	2	2
年份	2004	2005	2006	2007	2008	2009	2010
外汇储备位次	2	2	1	1	1	1	1
年份	2011	2013	2014	2015	2016	2017	
外汇储备位次	1	1	1	1	1	1	

资料来源：国家统计局。

表 3-8 2000~2017 年中国外汇储备占世界的比重

单位：%

年份	2000	2008	2009	2010	2011
外汇储备占世界的比重	8.6	26.5	29.4	30.7	31.2
年份	2013	2014	2015	2016	2017
外汇储备占世界的比重	32.7	33.2	30.5	28.1	27.5

资料来源：国家统计局。

通过外汇储备的国际比较可以看出，我国外汇储备增长速度快，储备总量比较大，已超出国际标准，容易对我国宏观经济运行造成负面影响，成为国民经济运行的负担。

三、我国高额外汇储备的来源及成因[①]

(一) 国际收支顺差

改革开放后，出口导向型政策一度是中国宏观经济政策的一个重要组成部分。鼓励出口的经济增长方式，使中国经常账户在绝大多数年份都是顺差，且顺差规模逐年增长。同时，资本与金融账户也和经常账户一样，持续顺差。在经常账户和资本账户"双顺差"的情况下，外汇储备大幅增加。国际收支"双顺差"是导致我国高额外汇储备的直接原因。

(二) 结售汇制度和汇率制度

我国高额外汇储备现象存在制度方面的原因。1994 年国家进行外汇管理体制改革，对企业实行强制结汇制，规定中资企业经常账户下的外汇收入必须卖给外汇银行。同时，对外汇银行的结算周转头寸实行比例幅度管理，即当外汇银行持有的结售汇周转头寸超过限额时，必须通过外汇市场进行平补。这个制度的实施使中央银行成为外汇市场上的最大买入者，企业外汇储备转化为官方外汇储备。

1994 年，我国实现人民币官方汇率与外汇调剂市场的汇率并轨，人民币汇率实行以市场供求为基础的、单一的、有管理的浮动汇率制。2005 年，我国再次进行汇率改革，实行以市场为基础的、参考一篮子货币的、有管理的、浮动汇率制。实践中，允许人民币汇率浮动的区间十分有限，本质上还是一种固定汇率制。在外汇市场供给过剩的情况下，为维持汇率稳定，避免外汇汇率大幅下跌和人民币汇率大幅上升，中央银行只得入市干预，购进外汇，外汇储备快速积累。

---

① 樊纲，贺力平. 金融改革开放与中国国际收支再平衡 ［M］. 上海：上海远东出版社，2012：331-334；吴志明. 开放经济条件下的我国外汇储备规模 ［M］. 长沙：湖南大学出版社，2012：98-109.

(三) 人民币汇率升值预期

我国国际收支的持续顺差和经济的快速增长，在国内外市场上形成了对人民币升值的预期。人民币升值预期会促使境内银行减少境外资产并增加人民币资金头寸，将境外的资产通过各种渠道调回境内。一些境外资金受利差和汇率差的诱导，也通过各种手段流入中国境内进行套利。人民币升值预期，使游资不断流入，推动外汇储备持续增加。而外汇储备规模的扩大反过来又会强化人民币升值预期，继而引发新的游资流入。人民币升值预期和外汇储备增长之间形成一种互相推动的关系。

四、我国外汇储备的结构分析

如何管理庞大的外汇储备资产成为一个令人关注和考验管理水平的问题。外汇储备资产，如同其他资产一样，同样涉及收益和成本的问题。有效的外汇储备管理可以降低成本，使储备资源产生更大的社会效益和经济效益。

对于中国外汇储备的投资结构和数据，中国人民银行一般不对外公布。我国外汇储备的结构可以通过国外的一些机构组织公布的数据进行研究和估计。如根据美国财政部公布的统计数据计算整理后，可以大致推断我国官方的外汇储备中至少有 2/3 是美元资产，其中主要是美国政府部门发行的各种证券和其他长期金融资产。但此估计值没有包括我国外汇储备中其他形式的资产，如银行美元存款等。如果考虑其他形式的资产，美元资产占比平均至少达到 70%[1]。王爱俭和王景武 (2009) 通过国外政府对外公布的数据，估计我国外汇储备的结构大致应为：70% 的美元资产，15%～20% 的欧元资产，8%～10% 的日元资产和 5% 左右的英镑及其他资产[2]。

我国外汇储备资产中美元占绝大比重，这种较为单一的储备结构使我国外

① 喻海燕. 中国外汇储备有效管理研究 [M]. 北京：中国金融出版社，2010：69-71.
② 王爱俭，王景武. 中国外汇储备投资多样化研究 [M]. 北京：中国金融出版社，2009：143.

汇储备面临较大风险。在币种结构上偏重于美元，我国储备资产将不可避免地会受到美元贬值的影响。近年来，人民币兑美元汇率中间价屡创新高，人民币的升值、美元的贬值，意味着中国外汇储备将遭受汇兑损失。此外，我国作为美国国债与机构债券的大投资者，美元债券市场价格的下跌，我国外汇储备资产也将受到影响。所以，储备结构过于集中于美国国债是不恰当的。我国储备资产结构的单一化使储备资产隐藏着美元资产缩水和收益率偏低等风险性问题。

第二节　我国货币政策执行情况

在计划经济时期，中国人民银行还没有独立行使中央银行的职能，我国货币政策实行的是集中统一的计划管理体制。1984 年起，中国人民银行开始履行中央银行职能，货币政策操作方式有了发展和变化。1984~1993 年，货币政策由集中统一的计划管理体制逐渐转变为以国家直接调控为主的宏观调控模式。货币政策的主要工具和渠道是信贷计划和限额管理。随着社会主义市场经济的发展以及中国金融体制改革的深入，货币政策操作开始向间接调控转变，从而货币政策的目标、货币政策的工具和货币政策传导途径都有了改变。

完整的货币政策框架是由货币政策目标体系、货币政策工具和货币政策传导渠道组成的，其中货币政策目标体系指的就是货币政策的最终目标、中介目标和操作目标。现以 1994 年为分界线，将 1984~1993 年和 1994 年以来的中国货币政策执行情况进行分析。

一、1984~1993 年中国货币政策执行情况

(一) 货币政策目标体系

这一阶段货币政策采用了双重目标：经济发展和稳定货币。而且，中国人

民银行将经济发展放在首位，将稳定货币目标放在第二位。为追求经济的高速发展，满足投资和消费的需求，货币超量发行，出现通货膨胀。为应对这种严峻形势，中国人民银行又推行以紧缩为主的治理措施。扩张和紧缩的货币政策的交替使用，扰乱了经济秩序，货币政策实施效果并不理想。

由于 1984～1993 年货币政策在过度投放货币与过度紧缩货币供给之间摇摆，中国经济发展也相应地陷入热冷交替的怪圈，这一时期的货币中介目标是信贷规模和以 M0 为主的货币供给量。其中，信贷规模既是货币政策中介目标，也是货币政策操作目标。1984 年、1988 年、1992 年和 1993 年都曾出现经济过热现象，扩张的货币政策反映到中介目标上，就表现为信贷规模和货币供给量的急剧上升。为了给经济降温，中国人民银行推行从紧的货币政策，反映到中介目标上也就是缩减信贷规模和减少货币供给量。

（二）货币政策工具

在该时期的特定经济环境下，我国运用的货币政策工具主要是信贷计划、再贷款、存款准备金制度和利率。

信贷计划是指国家银行信贷收支计划，它规定计划期内国家银行信贷收支的数量。信贷计划作为货币政策工具，1984 年实行的是统一计划、分级管理、存贷挂钩、差额包干的体制。1985～1993 年，信贷计划体制转变为统一计划、划分资金、实贷实存，相互融通。1994 年，又作出了调整，改为总量控制、比例管理、分类指导、市场融通。但是，随着时代的变迁，信贷计划与市场配置资源的原则越来越不匹配。1998 年之后，信贷计划作为一项政策工具已停止使用。

再贷款是这一时期中国人民银行的主要货币政策工具，在中国人民银行的资产中占有较大的比重，是中央银行投放基础货币的主要渠道。1994 年我国实行外汇结售制，外汇占款在中央银行资产的比重开始大幅度上升，再贷款的比重逐渐下降。再贷款作为一项货币政策工具，它的不足之处在于中央银行的操作缺乏自主性，经常是被动操作。另外，再贷款的作用也为商业银行的市场融资能力的加强所削弱。

我国的存款准备金制度始于 1984 年，但当时的存款准备金制度与现如今的存款准备金制度的意义并不同，其根本目的在于保障支付体系、清算体系的正常运转，增强中国人民银行的宏观调控能力，限制专业银行的信用扩张，以企业存款、储蓄存款和农村存款规定银行的准备金水平。1989 年，中国人民银行对金融机构实行了备付金制度，在法定存款准备金制度的基础上，要求各银行另开备付金账户，专门用于交易结算。由于我国准备金和备付金率偏高，所以存款准备金的主要不是用于调控货币供给量，而是用于集中资金，改变信贷结构。

利率政策的实施主要是根据借款人和借款用途的不同，实行普通利率、优惠利率和惩罚性利率等差别利率。在这一时期，利率政策只是作为货币政策的辅助性工具来使用的。

(三) 货币政策传导渠道

中国实行的是以直接调控为主、间接调控为辅的货币政策，主要体现为信贷计划与再贷款的组合，同时配合使用存款准备金制度和利率等工具，对货币供给量进行调节。

在这一货币政策传导渠道中，信贷渠道是最主要也是作用最大的渠道。存款准备金和利率等是间接调控工具，仅起辅助性作用。这一时期的货币政策调控手段过于直接和生硬，欠缺灵活性。

二、1994 年以来中国货币政策执行情况

(一) 货币政策目标体系

1995 年颁布的《中华人民共和国中国人民银行法》明确指出，"货币政策的目标是保持货币币值的稳定，并以此促进经济的增长"。在开放经济环境

中，保持货币币值的稳定有对内和对外两层含义，对内是指保持物价总水平的稳定，对外是指保持人民币汇率基本稳定。其中，物价稳定指既要控制通货膨胀，又要预防和治理通货紧缩。

1993 年 12 月 25 日，国务院发布《关于金融体制改革的决定》，明确指出"货币政策的中介目标和操作目标是货币供给量、信用总量、同业拆借利率和银行备付金率"。1994 年，中国人民银行向社会正式公布货币供给量增长情况；1996 年，正式把货币供给量作为中间目标，并按月对社会公布货币供给情况，即以货币供应量 M1 作为货币政策中介目标，同时以货币供应量 M0 和 M2 作为观测目标；1998 年，货币供给量成为我国货币政策的唯一中介目标，而基础货币成为最主要的操作目标。

（二）货币政策工具

随着金融体制的发展，信贷计划和再贷款不再发挥主要调控作用，并逐渐退出市场，同时存款准备金制度的调控作用进一步发挥，新兴货币政策工具公开市场业务和再贴现得以应用。利率市场化的推进，也使利率工具受到重视。此外，其他的一些货币政策工具，如信贷政策、特种存款和窗口指导也相继出现。

1997 年，中国人民银行放弃信贷计划管理模式。自 1998 年 1 月 1 日起，中国人民银行取消对国有商业银行贷款限额的控制，实行"计划指导，自求平衡，比例管理，间接调控"的新体制，对商业银行实行资产负债管理。在计划经济体制下，信贷计划曾发挥过良好作用，但随着经济的发展，信贷规模占货币供给量的比重下降，已不再适应市场经济体制的需求。

1994 年以后，中国人民银行加大了回收再贷款的力度。1997 年以后，再贷款作为调控工具的作用下滑，主要是用于农业发展银行收购农副产品，以及支持地方政府关闭严重资不抵债的地方中小金融机构等方面。

1998 年 3 月，中国人民银行对存款准备金制度进行改革，取消备付金制度，将备付金存款账户与准备金存款账户进行合并，实行统一法人缴存存款准备金，并下调了法定准备金率。存款准备金制度的新举措，有利于发挥其货币政策调控工具的积极作用。

1996 年，中国人民银行开始进行公开市场业务操作。经过十多年的发展，公开市场业务日趋成熟。目前，公开市场业务包括新券买卖和债券回购两种交易方式。根据投放和回笼基础货币方向的不同，债券回购又分为正回购和逆回购。公开市场业务具有操作灵活、结果容易预测等特点，对调控货币供给量发挥了重要作用。1999 年，公开市场操作成为中国人民银行调控基础货币的主渠道。

1995 年，《中华人民共和国票据法》颁布，推动了票据市场的发展，再贴现业务发展起来。1998 年，中国人民银行改革了再贴现利率生成机制，再贴现业务成为中国人民银行投放基础货币的渠道之一。但是，由于我国票据贴现市场不成熟，因此再贴现政策发展受到制约。

1996 年，中国人民银行开始重视利率工具，推进利率市场化进程。2000 年，对外币利率实行改革，推动境内外币利率市场化。2005 年，中国人民银行发布了《稳步推进利率市场化报告》。之后，中国人民银行调整了房贷利率，允许在基准利率基础上下浮动 10%。2006 年，利率市场化改革再次推进，进行中国货币市场基准利率体系建设，调整了商业性个人住房贷款利率下限，扩大了住房贷款的定价空间。2007 年 1 月 4 日，上海银行间同业拆放利率（Shibor）正式运行，为货币市场的产品定价提供参考。目前，我国主要还是通过调整存贷款基准利率来进行利率工具的操作。

（三）货币政策传导渠道

1994 年以前，我国货币政策传导渠道主要是信贷渠道为主。1994 年以后，信贷渠道仍占据主导地位，但利率渠道、汇率渠道、托宾 Q 理论和财富渠道逐步建立起来，对经济生活进行渗透。

从利率渠道方面来看，中国人民银行通过下调利率水平以刺激经济，通过上调利率水平以避免经济过热。2008 年以后，中国人民银行五次下调人民币存贷款基准利率，借以推动内需的上升，取得了一些成效，但作用有限。自2000年中国人民银行进行了多次利率市场化改革，利率市场化进程向前迈进，但程度还是偏低，还不能适应我国货币政策操作的需要，不能完全反映真实的资金供求水平，阻碍了利率传导机制的有效运行。

从汇率渠道方面来看，汇率传导作用受阻。在浮动汇率制下，可以通过改变利率水平来影响汇率水平，进而影响净出口和产出。但是，我国实行的是有管理的浮动汇率制，利率的变化受限制，因而跟随其后的汇率效应发挥有限。

从托宾Q理论和财富渠道方面来看，我国股票市场经过20多年的发展，股票资产在居民资产结构中的比例持续增加，股票市场和资产市场的联系加强，股票市场是货币政策的一个传导途径。但是，股票价格对投资的影响较小，托宾效应不显著。原因在于我国资本市场和货币市场在资金的运作和监管上存在割裂现象，从而影响货币政策的传导效果。在不够成熟的资本市场中，企业的股票市场价值与实体企业价值严重扭曲，托宾Q值已不准确，不能据此做出是否应该投资的判断。2007年，股票市场繁荣，居民财富增加，刺激消费与总需求。但2007年后股票市场的低迷降低了财富传导渠道的效果。股票价格的易变性，使财富渠道的作用不稳定。

在货币政策效应的传导过程中，虽然利率渠道、汇率渠道、托宾Q理论和财富渠道还存在一些问题，但是从过去单一的信贷渠道发展到现如今的多元传导渠道，是我国货币政策实施的一大进步。同时，各渠道之间的相互影响和相互关系，无疑也增加了货币政策实施的复杂性和难度。要考察我国货币政策的有效性，就必须关注货币政策传导渠道的各个环节的变化和各渠道间的相关性。

第三节　本章小结

从外汇储备增长和货币政策执行情况来看，两者之间关系紧密。由于国际收支持续顺差、结售汇制度和汇率制度，以及人民汇率升值预期的影响，2000年以后我国外汇储备逐年增长，一直保持着较高的年均增长率。虽然 2015 年以来我国外汇储备总量较前几年有所减少，但仍然保持在 30000 亿美元以上。通过比例法和外汇储备的国际比较，发现我国外汇储备规模庞大，在世界范围内处于领先地位，甚至高于其他发展中国家的水平。随着经济的发展，我国货币政策也处于不断调整中。外汇储备规模的变化，导致外汇占款变动，直接影响到货币供给量的水平，这也促成了中国人民银行于 1996 年把货币供给量作为我国货币政策的中间目标。我国货币政策也逐渐从直接调控转变为间接调控，各种货币政策工具的调控作用也进一步发挥。但是，外汇储备的规模变动，对我国货币政策的调控造成压力，限制了货币政策实施的灵活性，使中央银行疲于冲销因外汇占款而释放的流动性，影响了货币政策的有效性与独立性。

第四章 开放条件下我国货币供给量分析

从上一章的分析可以看出我国的外汇储备处于持续增加的状态，自2006年起我国取代日本成为世界第一储备大国。与外汇储备紧密相连的概念，还涉及外汇占款和基础货币。所谓外汇占款是指中央银行收购外汇资产而相应投放的本国货币。所谓基础货币，也称为货币基数、高能货币，它具有使货币供给量成倍扩张或成倍收缩的能力，是中央银行直接注入经济社会的货币数量。在当前市场经济体制中，外汇储备的增加会引致外汇占款的增加，而外汇占款作为基础货币的基本组成部分，基础货币必然会随外汇占款的增加而增加。最后，在货币乘数的作用下，货币供给量成倍扩张。

第一节 外汇储备增加引起外汇占款和基础货币增加

在国际收支"双顺差"、结售汇制度和汇率制度，以及人民币升值预期的影响下，我国外汇储备规模加剧膨胀。为满足外资换汇的需要，国家需要投入大量资金，即用本国货币买进外汇，因而增加了本国货币的投放，形成巨额外汇占款。外汇占款成为中央银行投放基础货币的主渠道。

一、基于中央银行资产负债表的分析

可以通过中央银行的资产负债表，看出我国外汇储备、外汇占款和基础货币之间的关系。表4-1列出了我国中央银行资产负债表的构成情况。

表4-1　我国中央银行资产负债表

总资产（Total Assets）	总负债（Total Liabilities）
国外资产（Foreign Assets，FA） 其中：外汇（Foreign Exchange） 　　　货币黄金（Monetary Gold） 　　　其他国外资产（Other Foreign Assets）	储备货币（Reserve Money，RM） 其中：货币发行（Currency Issue） 　　　其他存款性公司存款（Deposits of Other Depository Corporations）
对政府债权（Claims on Government，CG）	不计入储备货币的金融性公司存款（Deposits of Financial Corporations Excluded from Reserve Money，DRM）
对其他存款性公司债权（Claims on Other Depository Corporations，CODC）	发行债券（Bond Issue，BI）
对其他金融性公司债权（Claims on Other Financial Corporations，COFC）	国外负债（Foreign Liabilities，FL）
对非金融性部门债权（Claims on Non-financial Sector，CNS）	政府存款（Deposits of Government，DG）
其他资产（Other Assets，OA）	自有资金（Own Capital，OC）
	其他负债（Other Liabilities，OL）

资料来源：中国人民银行。

按照总资产等于总负债的原则，有以下等式：

$$FA + CG + CODC + COFC + CNS + OA = RM + DRM + BI + FL + DG + OC + OL \tag{4-1}$$

移项，将等式改写为：

RM = FA + CG + CODC + COFC + CNS + OA − (DRM + BI + FL + DG + OC + OL) 　　　　　　　　　　　　　　　　　　　　　　　　(4−2)

进一步整理得：

RM = (FA − FL) + (CG + CODC + COFC + CNS + OA − DRM − BI − DG − OC − OL) 　　　　　　　　　　　　　　　　　　　　(4−3)

式（4−3）中 RM 表示基础货币，用 MB 代表；（FA−FL）项表示净国外资产（Net Foreign Assets），用 NFA 代表；（CG + CODC + COFC + CNS + OA − DRM − BI − DG − OC − OL）项表示净国内资产（Net Domestic Assets），用 NDA 代表。

那么，式（4−3）可以改写为：

MB = NFA + NDA 　　　　　　　　　　　　　　　　　　(4−4)

即基础货币（MB）是由净国外资产（NFA）和净国内资产（NDA）构成的。也就是说，我国基础货币的投放渠道只有净国外资产和净国内资产这两项。并且，从表4−1可以知道，净国外资产（NFA）中的主要成分就是外汇（Foreign Exchange）、货币黄金（Monetary Gold）和其他国外资产（Other Foreign Assets）。鉴于我国外汇储备逐年大幅上升的趋势，基础货币投放中起主导作用的因素就是外汇储备，从而外汇占款在基础货币投放中占据重要地位。

二、外汇占款在基础货币中的比重

表4−2列出了1994～2020年中国外汇储备、外汇占款、基础货币和货币供给量M2的数值，并且计算出了外汇占款与基础货币的比例。外汇储备自1994年起持续增长，尤其2000年以后增长势头强劲。随着外汇储备的增加，外汇占款也快速增长。1994年我国外汇占款仅为4481.80亿元，1997年外汇占款已增长到13467.20亿元，年均增长率达到44.3%。2001年，外汇占款增至17856.40亿元；2002年，外汇占款突破20000亿元，达到23223.30亿元；2003年又猛增至34846.90亿元。2004～2006年，年均增

长幅度达 20000 亿元左右。2007 年我国外汇占款又创新纪录，达到
128377.30 亿元。2010 年外汇占款再次刷新纪录，增至 225795.00 亿元。仅
2009 年到 2010 年这一年的时间，外汇占款就增加了 32683 亿元。2011 年，
我国外汇占款总额已达到 253587.00 亿元。2001 年至 2011 年，增长约 13.2
倍，年均增长率达到 30.39%。2014 年，外汇储备达到峰值，为 38430.18 亿
美元，外汇占款也达到最高水平 294090.46 亿元。从 2015 年开始，外汇储备
规模和外汇占款规模开始有所下降。2016~2020 年，外汇储备的数量基本上控
制在 31000 亿美元左右，外汇占款的数量也基本上控制在 210000 亿元左右，
规模数量比较稳定。

表 4-2　1994~2020 年中国外汇储备、外汇占款、基础货币和货币供给量

年份	外汇储备（亿美元）	外汇占款（亿元）	基础货币（亿元）	外汇占款与基础货币的比例（%）	货币供给量 M2（亿元）
1994	516.20	4481.80	16130.70	27.78	46923.50
1995	735.97	6774.50	20624.30	32.85	60750.50
1996	1050.29	9578.70	23789.70	40.26	76094.90
1997	1398.90	13467.20	27096.00	49.70	90995.30
1998	1449.59	13728.30	26808.80	51.21	104498.50
1999	1546.75	14792.40	29798.20	49.64	119897.90
2000	1655.74	14291.10	31957.34	44.72	134610.30
2001	2121.65	17856.40	33957.84	52.58	158301.90
2002	2864.07	23223.30	37727.45	61.56	185006.97
2003	4032.51	34846.90	43798.52	79.56	221222.80
2004	6099.32	52591.10	58776.79	89.48	254107.00
2005	8188.72	71211.10	64245.22	110.84	298755.70
2006	10663.44	98980.30	77597.96	127.56	345603.59
2007	15282.49	128377.30	101387.44	126.62	403442.21
2008	19460.30	166146.00	129222.33	128.57	475166.60
2009	23991.52	193112.00	143985.00	134.12	606225.01
2010	28473.38	225795.00	185311.08	121.85	725851.80

续表

年份	外汇储备 （亿美元）	外汇占款 （亿元）	基础货币 （亿元）	外汇占款与基础货币的 比例（%）	货币供给量 M2 （亿元）
2011	31811.48	253587.00	224641.76	112.89	851590.90
2012	33115.89	258533.48	252345.17	102.45	974148.80
2013	38213.15	286303.83	271023.09	105.64	1106524.98
2014	38430.18	294090.46	294093.02	100.00	1228374.81
2015	33303.62	265858.52	276377.49	96.19	1392278.11
2016	30105.17	219425.26	308979.61	71.02	1550066.67
2017	31399.49	214788.33	321870.76	66.73	1690235.31
2018	30727.12	212556.68	330956.52	64.22	1826744.22
2019	31079.24	212317.26	324174.95	65.49	1986488.82
2020	32165.22	211308.10	330428.14	63.95	2186795.89

资料来源：根据国家外汇管理局、国家统计局、中国人民银行的数据整理计算。

　　1994 年外汇体制改革前，我国基础货币投放以再贷款为主。外汇体制改革后，我国基础货币投放主要是外汇占款和国内信贷。由于外汇储备和外汇占款的迅速增加，基础货币投放渠道开始变为以外汇占款为主，投放结构也与以往不同。在表 4-2 中，除了 1999～2000 年、2006～2007 年以及 2010～2011 年，由于中央银行冲销措施的实行，外汇占款在基础货币中的比重有小幅回落外，其余年份该比重都是上升的。2001 年，我国外汇占款与基础货币的比例达到 52.58%，外汇占款成为基础货币投放的主要方式。此后，外汇占款在基础货币中的比重越来越大。2005 年，外汇占款与基础货币的比例上升至 110.84%，2006 年上升至 127.56%。该比例的最大年份是 2009 年，达到 134.12%。2010 年之后，外汇占款与基础货币的比例开始下滑。2016 年下降幅度最大，从 2015 年的 96.19%降至 71.02%，之后该比例值基本上在 65%左右。

　　我国外汇占款在基础货币中所占的绝对比重，也可以通过表 4-3 与美国的基础货币投放形式进行比较。表 4-3 给出了 1996～2008 年中国和美国基础货币投放结构的比较情况，明显可以看出我国的基础货币投放以外汇占款为主，且比重节节攀升；美国的基础货币投放以购买政府债券为主，占基础货币供给的90%左右。两国的基础货币投放结构具有较大差异。在我国，外汇占款在基础货币投放中是占绝对优势的。

表4-3　1996~2008年中国和美国基础货币投放结构比较

单位：%

年份	中国 外汇占款所占比重	美国 政府债券所占比重
1996	40.26	88.02
1997	49.70	89.10
1998	51.21	87.57
1999	49.64	91.07
2000	44.72	90.95
2001	52.58	91.48
2002	61.56	92.32
2003	79.56	92.53
2004	89.48	93.33
2005	110.84	94.21
2006	127.56	94.41
2007	126.62	90.56
2008	128.57	88.20

资料来源：中国的数据根据国家统计局、中国人民银行的数据整理计算；美国的数据引自 Gong（2012）。

同时，我国外汇占款与基础货币比例值的变化也表明了国内基础货币投放结构的改变。外汇占款的增加引起基础货币的增加，并且外汇占款在基础货币中所占的比例越来越大。为维持物价稳定和汇率稳定，中国人民银行只能通过实施外汇冲销政策和压缩国内信贷来控制基础货币的投放。外汇占款增加，国内信贷减少，成为基础货币投放结构变化的一种趋势。

我国外汇储备的增加引致外汇占款和基础货币的增加，最终表现为货币供给量的增加。而且，在货币乘数的效应下，货币供给量以基础货币量为基础进行成倍的扩张。基础货币和货币供给量 M2 的增长趋势可以通过图 4-1 观察到。随着基础货币的增长，货币供给量呈同方向增长，且增长幅度是基础货币的数倍。巨额的外汇储备导致了流动性过剩的问题，迫使中央银行通过提高法定准备率、发行债券等冲销政策来回笼基础货币。

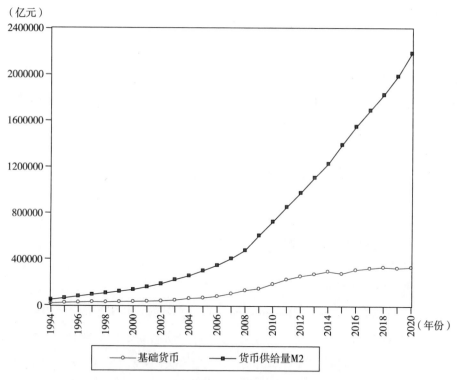

图 4-1 1994~2020 年中国基础货币和货币供给量 M2 的增长情况

第二节　开放经济因素对货币供给影响作用的实证分析

外汇储备对货币供给的影响作用可以表述为一个关系链，即外汇储备增加—外汇占款增加—基础货币和货币供给量增加。在这个关系链中，外汇占款相当于一座桥，连接着外汇储备与基础货币和货币供给量。现在，根据这个关系链，从两个方面对外汇储备与货币供给量的关系进行实证分析。一方面检验外汇储备与外汇占款之间的关系；另一方面检验外汇占款与货币供给之间的关系。实证分析后，可以详细了解在外汇储备影响货币供给的过程中，哪个环节的影响作用强或弱，影响系数是多少。

一、外汇储备影响外汇占款的实证检验

(一) 变量选择与数据说明

1. 模型和变量选择

向量自回归（Vector Autoregression，VAR）模型①是由 Sims 于 1980 年提出来的。VAR 模型可以用来对经济变量之间的动态联系作出解释，常用于预测和分析经济冲击对经济变量的影响，以及考察整个时间序列系统的内在联系和随机扰动对系统的动态冲击。

VAR（P）模型的一般表达式为：

$$Y_t = \varphi_1 Y_{t-1} + \varphi_2 Y_{t-2} + \cdots + \varphi_p Y_{t-p} + BX_t + \varepsilon_t \tag{4-5}$$

---

① Sims C. A. Macroeconomics and Reality [J]. Econometrica, 1980, 48 (1): 1-48.

将式（4-5）展开为：

$$
\begin{bmatrix} Y_{1t} \\ Y_{2t} \\ \vdots \\ Y_{kt} \end{bmatrix} = \varphi_1 \begin{bmatrix} Y_{1t-1} \\ Y_{2t-1} \\ \vdots \\ Y_{kt-1} \end{bmatrix} + \varphi_2 \begin{bmatrix} Y_{1t-2} \\ Y_{2t-2} \\ \vdots \\ Y_{kt-2} \end{bmatrix} + \cdots + \varphi_p \begin{bmatrix} Y_{1t-p} \\ Y_{2t-p} \\ \vdots \\ Y_{kt-p} \end{bmatrix} + B \begin{bmatrix} X_{1t} \\ X_{2t} \\ \vdots \\ X_{kt} \end{bmatrix} + \begin{bmatrix} \varepsilon_{1t} \\ \varepsilon_{2t} \\ \vdots \\ \varepsilon_{kt} \end{bmatrix} \tag{4-6}
$$

本书采用如下 q 阶向量自回归模型（VAR）：

$$
Y_t = A_1 Y_{t-1} + \cdots + A_q Y_{t-q} + \varepsilon_t \tag{4-7}
$$

式（4-7）中 Y =（lnwhcb, lnwhzk）。其中，whcb 代表外汇储备（见图 4-2）；whzk 代表外汇占款（见图 4-3）。

（亿美元）

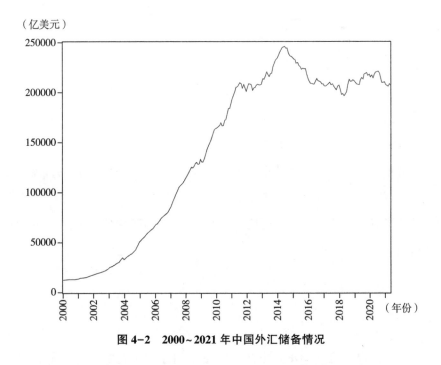

图 4-2　2000~2021 年中国外汇储备情况

2. 数据说明

本书采用的样本数据均为月度数据，样本期为 2000 年 1 月至 2021 年 5 月，样本数量为 257 个。外汇储备数据来自国家外汇管理局，外汇占款数据来

（亿元）

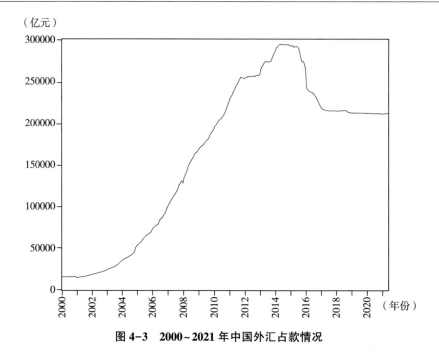

图 4-3 2000～2021 年中国外汇占款情况

自中国人民银行。外汇占款的计量单位为亿元人民币，外汇储备数据按中国人民银行公布的汇率平均价换算为亿元人民币的计量单位。

为避免季节因素对统计结果的影响，采用 X-12 方法对变量的月度数据进行了季节调整，之后再用 CPI 进行平减，这里以 2000 年 1 月为 100，以消除物价变动的影响。为消除序列中可能存在的异方差，避免数据的波动，对变量取自然对数。

（二）数据检验

1. 单位根检验

采用单位根检验（ADF）方法对变量时间序列进行稳定性检验，以确定能否进行协整分析。对外汇储备变量和外汇占款变量进行单位根检验的结果见表 4-4。

表 4-4 各序列单位根检验

变量	检验形式 (c, t, n)	ADF 检验统计量	结论
lnwhcb	(c, t, 1)	−19. 67283***	I (1)
lnwhzk	(c, t, 1)	−7. 616899***	I (1)

注：c、t 和 n 分别表示截距、趋势和滞后阶数；*、** 和 *** 分别表示 ADF 检验统计值在 10%、5% 和 1% 的置信区间内是显著的。

从表 4-4 的检验结果来看，lnwhcb 和 lnwhzk 的原序列未通过 ADF 检验，不拒绝变量有一个单位根的原假设，序列非平稳。但是，两变量的差分序列在 1% 的显著性水平上都通过了 ADF 检验，均为一阶单整序列 I (1)，可以进行协整分析。

2. 模型滞后阶数的确定

在构建 VAR 模型之前，需要确定模型的滞后阶数。在确定滞后阶数的过程中，一方面要考虑有足够大的滞后阶数以反映模型动态特征，另一方面又需要控制滞后阶数以保证模型的自由度。为恰当选择滞后阶数，用多准则联合确定法来决定合理的滞后阶数。

由表 4-5 可知，有一个准则选择滞后阶数为 3，有一个准则和一个检验统计量选择滞后阶数为 5，有两个准则选择滞后阶数为 6，故选取 VAR 模型滞后阶数为 5，即建立 VAR (5) 模型。

表 4-5 VAR 模型滞后阶数确定结果

Sample：2000M01 2021M05

Included observations：249

Lag	LogL	LR	FPE	AIC	SC	HQ
0	−335. 405	NA	0. 051526	2. 710083	2. 738336	2. 721455
1	1152. 537	2940. 031	3. 43E−07	−9. 20914	−9. 12438	−9. 175018
2	1200. 329	93. 66369	2. 41E−07	−9. 56087	−9. 41961	−9. 504013
3	1222. 756	43. 59398	2. 08E−07	−9. 70889	−9. 511117*	−9. 62928

Sample：2000M01 2021M05

Included observations：249

Lag	LogL	LR	FPE	AIC	SC	HQ
4	1229. 295	12. 60533	2. 04E-07	-9. 72928	-9. 47501	-9. 62693
5	1240. 069	20. 59596*	1. 93E-07	-9. 78369	-9. 47291	-9. 658595*
6	1244. 309	8. 037331	1. 93E-07*	-9. 785616*	-9. 41833	-9. 637778
7	1246. 838	4. 75303	1. 95E-07	-9. 77380	-9. 35001	-9. 603218
8	1248. 281	2. 689155	1. 99E-07	-9. 75326	-9. 27297	-9. 559936

* indicates lag order selected by the criterion

LR：sequential modified LR test statistic（each test at 5% level）

FPE：Final prediction error

AIC：Akaike information criterion

SC：Schwarz information criterion

HQ：Hannan-Quinn information criterion

3. Johansen 协整检验

如果一组非平稳的时间序列存在一个平稳的线性组合，也就是该时间序列组不具有随机趋势，那么这个线性组合就存在协整关系。协整关系表明变量间存在一种长期的均衡稳定关系。前文分析已证明外汇储备变量和外汇占款变量都是一阶单整序列 I（1），符合协整分析的前提条件。现用 Johansen 协整检验中的特征根迹检验（trace 检验）和最大特征值检验进行协整分析。因为 VAR 模型的最大滞后阶数为 5，故协整检验的滞后阶数为 5-1，选择 4 阶。检验结果如表4-6 和表4-7 所示。

表4-6 和表4-7 的序列迹统计量及最大特征值都一致表明在 5% 的显著性水平下，变量外汇储备和变量外汇占款之间存在协整关系。标准化的协整系数见表4-8。

表 4-6　lnwhcb 和 lnwhzk 序列迹统计量协整检验的结果

Included observations：252 after adjustments

Series：lnwhcb lnwhzk

Hypothesized No. of CE（s）	Eigenvalue	Trace Statistic	0.05 Critical Value	Prob. **
None*	0.187945	64.90008	20.26184	0
At most 1*	0.048155	12.43697	9.164546	0.0116

Trace test indicates 2 cointegrating eqn（s）at the 0.05 level

* denotes rejection of the hypothesis at the 0.05 level

** MacKinnon-Haug-Michelis（1999）p-values

表 4-7　lnwhcb 和 lnwhzk 序列最大特征值协整检验的结果

Hypothesized No. of CE（s）	Eigenvalue	Max-Eigen Statistic	0.05 Critical Value	Prob. **
None*	0.187945	52.46312	15.8921	0
At most 1*	0.048155	12.43697	9.164546	0.0116

Max-eigenvalue test indicates 2 cointegrating eqn（s）at the 0.05 level

* denotes rejection of the hypothesis at the 0.05 level

** MacKinnon-Haug-Michelis（1999）p-values

表 4-8　标准化的协整系数

Normalized cointegrating coefficients	
lnwhcb	lnwhzk
1	-0.497577
standard error	（0.09040）
Log likelihood	1249.990

将协整关系写成代数表达式：

$$lnwhzk = 2.0 lnwhcb \tag{4-8}$$

由式（4-8）可知，我国外汇储备和外汇占款之间存在长期稳定的均衡关系，两变量之间的影响作用存在。lnwhcb 每增加 1%，lnwhzk 将增加 2.01%，即外汇储备和外汇占款之间呈正向变动关系，与理论分析的结论是一致的，符合经济意义。

（三）Granger 因果关系检验

协整检验主要是用来说明变量之间是否存在一种长期稳定的均衡关系。而 Granger 因果检验则是用来判断一个变量的变化是否是另一个变量变化的原因。为清楚辨析外汇储备和外汇占款之间的因果关系，对变量进行 Granger 因果关系检验（见表4-9）。

表4-9　Granger 因果关系检验的结果

Pairwise Granger Causality Tests			
Sample：2000M01 2021M05			
Lags：5			
Null Hypothesis：	Obs	F-Statistic	Probability
lnwhzk does not Granger Cause lnwhcb	252	2.13795	0.06167
lnwhcb does not Granger Cause lnwhzk		1.64789	0.14806

由伴随概率可知，在 10% 的显著性水平下，外汇占款是外汇储备变化的 Granger 原因，这说明外汇储备和外汇占款之间存在一种拉动、影响的关系。

（四）VAR 模型、脉冲响应和方差分解

1. VAR 模型

外汇储备和外汇占款的 VAR 表达式为：

$lnwhcb = 0.1068092182 + 0.1629768135 \times lnwhcb(-1) + 0.2327893195 \times lnwhcb(-2) + 0.2334392969 \times lnwhcb(-3) + 0.1660545062 \times lnwhcb(-4) + 0.1839390846 \times lnwhcb(-5) + 0.1924269944 \times lnwhzk(-1) - 0.2187210752 \times lnwhzk(-2) + 0.0523163567 \times lnwhzk(-3) -$

$0.01581676661 \times \text{lnwhzk}(-4) + 0.001101601686 \times \text{lnwhzk}(-5)$ (4-9)

$\text{lnwhzk} = 0.09646706889 + 0.04304659729 \times \text{lnwhcb}(-1) + 0.001203562696 \times \text{lnwhcb}(-2) -$

$0.04386827016 \times \text{lnwhcb}(-3) - 0.03667136018 \times \text{lnwhcb}(-4) + 0.02586783079 \times \text{lnwhcb}(-5) +$

$1.14462297 \times \text{lnwhzk}(-1) - 0.002292350661 \times \text{lnwhzk}(-2) - 0.1001704309 \times \text{lnwhzk}(-3) +$

$0.1928753926 \times \text{lnwhzk}(-4) - 0.2335709531 \times \text{lnwhzk}(-5)$ (4-10)

完成 VAR 模型的估计后，还需要进行模型的平稳性检验。如果被估计的 VAR 模型所有特征根倒数的模小于 1，即位于单位圆内，则 VAR 模型是稳定的；否则，模型不稳定，则某些结果如脉冲响应函数的标准差将无效。由表 4-10 可知，所有特征根倒数的模都小于 1，所估计的 VAR（5）的模型是稳定的。

表 4-10 VAR（5）平稳性检验

Roots of Characteristic Polynomial	
Endogenous variables：lnwhcb lnwhzk	
Exogenous variables：C	
Root	Modulus
0.997973 - 0.007921i	0.998005
0.997973 + 0.007921i	0.998005
0.812279	0.812279
-0.697723	0.697723
0.136893 - 0.641714i	0.656153
0.136893 + 0.641714i	0.656153
-0.534962 - 0.379327i	0.6558
-0.534962 + 0.379327i	0.6558
-0.003383 - 0.641329i	0.641338
-0.003383 + 0.641329i	0.641338
No root lies outside the unit circle.	
VAR satisfies the stability condition.	

2. 向量误差修正模型

可以通过建立向量误差修正（VEC）模型，分析当外汇储备与外汇占款两变量的变化偏离长期均衡状态时，通过误差修正向量恢复均衡状态的调整速度达到多少，以考量两变量短期波动的状态。

$$D(\text{lnwhcb}) = -0.02273409651 \times [\text{lnwhcb}(-1) - 0.497576806 \times \text{lnwhzk}(-1) -$$
$$5.605305264] - 0.813107695 \times D[\text{lnwhcb}(-1)] - 0.5793284717 \times D[\text{lnwhcb}(-2)] -$$
$$0.3456484203 \times D[\text{lnwhcb}(-3)] - 0.1811431741 \times D[\text{lnwhcb}(-4)] + 0.1669177351 \times$$
$$D[\text{lnwhzk}(-1)] - 0.04989202575 \times D[\text{lnwhzk}(-2)] + 0.003768356523 \times D[\text{lnwhzk}(-3)] -$$
$$0.01133653156 \times D[\text{lnwhzk}(-4)] \tag{4-11}$$

$$D(\text{lnwhzk}) = -0.002905638287 \times [\text{lnwhcb}(-1) - 0.497576806 \times \text{lnwhzk}(-1) -$$
$$5.605305264] + 0.04135894622 \times D[\text{lnwhcb}(-1)] + 0.03871374069 \times D[\text{lnwhcb}(-2)] -$$
$$0.006090588365 \times D[\text{lnwhcb}(-3)] - 0.03673839187 \times D[\text{lnwhcb}(-4)] + 0.198376606 \times$$
$$D[\text{lnwhzk}(-1)] + 0.1886530214 \times D[\text{lnwhzk}(-2)] + 0.08325698873 \times D[\text{lnwhzk}(-3)] +$$
$$0.2733645855 \times D[\text{lnwhzk}(-4)] \tag{4-12}$$

VEC 模型显示，在外汇储备方程中当短期波动偏离长期均衡时，通过误差修正向量将以约 0.023 的调整力度从非均衡状态恢复均衡状态。在外汇占款方程中，偏离长期均衡状态时，调整力度约为 0.003。短期内，外汇储备和外汇占款两个变量的变化互有影响，而且它们的变动也有来自自身影响的因素。

3. 脉冲响应分析

在 VEC 模型的基础上，可以考虑用脉冲响应函数（Impulse Response Function）来分析扰动项的影响是如何传递给外汇储备和外汇占款的。具体而言，就是考察来自随机误差项上一个标准差的冲击对外汇储备和外汇占款当期值和未来值所产生的动态影响。

从图 4-4（b）可以看到，外汇储备对来自外汇占款的一个标准差新息冲击，在第 1 期未作出响应，从第 2 期开始有正面的影响，在前 7 期内小幅上下波动，从第 8 期开始稳定增长，到第 36 期冲击响应值为 0.0084。从图 4-4（c）可以看到，外汇占款对来自外汇储备的一个标准差新息冲击，从一开始就作出正向响应，第 1 期冲击响应值为 0.0013，冲击幅度不大，但冲击带来正面影响，且这个影响作用具有持续效应，到第 36 期冲击响应值达到

0.0311。这表明外汇储备受外部条件的某一冲击后，经市场传递给外汇占款，给外汇占款带来同向冲击，虽然冲击力量不大，但是这一冲击具有促进作用以及较长的持续效应，对外汇占款产生稳定且缓慢的拉动作用。

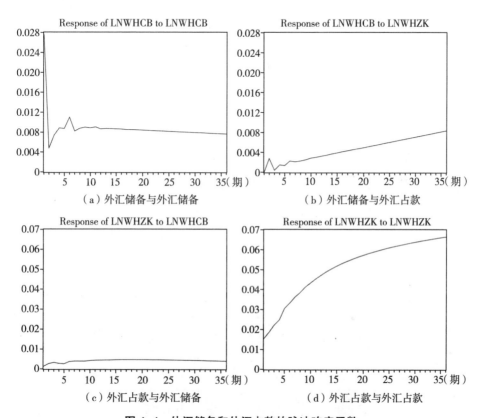

图4-4　外汇储备和外汇占款的脉冲响应函数

4. 方差分解分析

脉冲响应函数是追踪模型中一个内生变量对其他内生变量的冲击效果。而方差分解（Variance Decomposition）是将任意一个内生变量的预测均方差分解成系统中各变量的随机冲击所做的贡献，通过分析每一个结构冲击对内生变量变化的贡献度，进一步评价不同结构冲击的重要性。

从图4-5可以看出，外汇储备的预测误差波动主要来自其自身变动，自

身变动对预测误差的贡献率达到 80% 左右，而外汇占款对外汇储备预测误差
的贡献率最大时达到 23.02%。外汇占款的预测误差波动也主要来自自身变
动，外汇储备对其预测误差的贡献率较小，在第 3 期达到 1.77% 后，随着时间

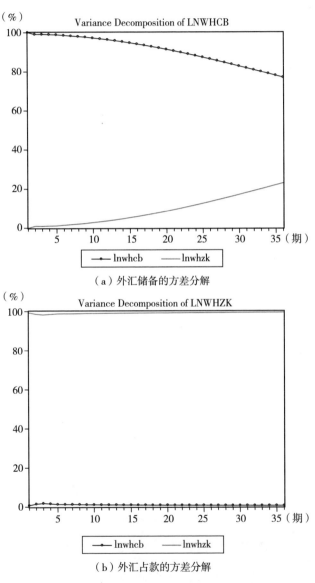

（a）外汇储备的方差分解

（b）外汇占款的方差分解

图 4-5　外汇储备和外汇占款的方差分解

的推移，贡献率有所下滑，但基本保持在 1% 左右的水平，具有较长的稳定持续效应。

二、外汇占款影响货币供给的实证检验

（一）变量选择与数据说明

1. 模型和变量选择

外汇占款对货币供给的影响效应仍采用 q 阶 VAR 模型进行分析。VAR（q）模型为：

$$Y_t = A_1 Y_{t-1} + \cdots + A_q Y_{t-q} + \varepsilon_t$$

其中，Y =（lnwhzk, lnM0, lnM1, lnM2），whzk 代表外汇占款，M0 代表流通中现金，M1 代表狭义货币供给量，M2 代表广义货币供给量。

2. 数据说明

根据我国中央银行对货币层次的划分，M0＝现金；M1＝现金+商业银行活期存款；M2＝M1+准货币+可转让存单。样本数据为 2000 年 1 月至 2021 年 5 月的月度数据，样本数量为 257 个。外汇占款数据和货币供给量 M2 数据均来自中国人民银行，计量单位都是亿元人民币。所有数据均采用 X-12 法进行季节调整和用 CPI 平减以消除物价变动因素，并进行自然对数变换。

（二）数据检验

1. 单位根检验

前文的分析中已对外汇占款数据做过单位根检验（ADF）检验，它属于一阶单整序列 I（1）。现在只需对货币供给量 M0、M1 和 M2 及其差分进行单位根检验，视其单整性以判断变量间是否存在协整关系。

表 4-11 表明，lnM0、lnM1 和 lnM2 的原序列未通过 ADF 检验，是非平稳序列，但其差分序列在 1% 的显著性水平下通过了 ADF 检验，是一阶单整序列

I（1）。所以，外汇占款和货币供给量可以进行协整分析。

表4-11　各序列单位根检验

变量	检验形式（c，t，n）	ADF检验统计量	结论
lnwhzk	（c，t，1）	-7.616899***	I（1）
lnM0	（c，t，0）	-28.65154***	I（1）
lnM1	（c，t，0）	-20.76926***	I（1）
lnM2	（c，t，0）	-15.21104***	I（1）

注：c、t和n分别表示截距、趋势和滞后阶数；*、** 和 *** 分别表示ADF检验统计值在10%、5%和1%的置信区间内是显著的。

2. 模型滞后阶数的确定

建立VAR模型，最关键的一步就是确定模型的滞后阶数。根据表4-12，依据多准则联合确定法，经比较，参照LR检验统计量、EPE最终预测误差指标和AIC准则，将VAR模型的滞后阶数确定为5阶。

表4-12　VAR模型滞后阶数确定结果

VAR Lag Order Selection Criteria						
Endogenous variables：lnwhzk lnM0 lnM1 lnM2						
Exogenous variables：C						
Sample：2000M01 2021M05						
Included observations：249						
Lag	LogL	LR	FPE	AIC	SC	HQ
0	449.2058	NA	3.29E-07	-3.57595	-3.519445	-3.553206
1	2788.798	4585.22400	2.58E-15	-22.23934	-21.95681*	-22.12562
2	2831.549	82.41326	2.08E-15	-22.45421	-21.94566	-22.24951*
3	2857.485	49.16289	1.92E-15	-22.53402	-21.79945	-22.23834
4	2879.098	40.275200	1.84E-15	-22.5791	-21.61851	-22.19245
5	2902.520	42.89341	1.73E-15*	-22.63872*	-21.45211	-22.16109
6	2914.530	21.60815	1.79E-15	-22.60667	-21.19404	-22.03806

续表

VAR Lag Order Selection Criteria						
Endogenous variables：lnwhzk lnM0 lnM1 lnM2						
Exogenous variables：C						
Sample：2000M01 2021M05						
Included observations：249						
Lag	LogL	LR	FPE	AIC	SC	HQ
7	2924. 800	18. 14786	1. 88E−15	−22. 56064	−20. 92199	−21. 90106
8	2941. 974	29. 79578*	1. 87E−15	−22. 57007	−20. 705400	−21. 81951

* indicates lag order selected by the criterion

LR：sequential modified LR test statistic（each test at 5% level）

FPE：Final prediction error

AIC：Akaike information criterion

SC：Schwarz information criterion

HQ：Hannan−Quinn information criterion

3. Johansen 协整检验

外汇占款变量和货币供给 M0、M1 和 M2 变量都是一阶单整序列 I（1），满足协整分析的要求。运用 Johansen 协整检验法中的特征根迹检验和最大特征值检验进行协整分析，滞后阶数选择 4 期。检验结果见表 4–13 和表 4–14。

表 4–13　序列迹统计量协整检验的结果

Included observations：252 after adjustments				
Series：lnwhzk lnM0 lnM1 lnM2				
Hypothesized No. of CE（s）	Eigenvalue	Trace Statistic	0. 05 Critical Value	Prob.**
None*	0. 153966	85. 90424	54. 07904	0
At most 1*	0. 098540	43. 77094	35. 19275	0. 0047
At most 2	0. 038584	17. 62852	20. 26184	0. 1107
At most 3	0. 030143	7. 712767	9. 164546	0. 0936

Trace test indicates 2 cointegrating eqn（s）at the 0. 05 level

表4-14 序列最大特征值协整检验的结果

Hypothesized No. of CE（s）	Eigenvalue	Max-Eigen Statistic	0.05 Critical Value	Prob. **
None *	0.153966	42.1333	28.58808	0.0005
At most 1 *	0.098540	26.14242	22.29962	0.0138
At most 2	0.038584	9.915749	15.8921	0.3421
At most 3	0.030143	7.712767	9.164546	0.0936

Max-eigenvalue test indicates 2 cointegrating eqn（s）at the 0.05 level

序列迹统计量和最大特征值都显示在5%的显著性水平下，外汇占款和各货币供给量之间存在2个协整方程，这表示外汇占款、M0、M1和M2之间存在长期稳定的均衡关系。标准化的协整系数见表4-15。

表4-15 标准化的协整系数

Normalized cointegrating coefficients			
lnwhzk	lnM0	lnM1	lnM2
1	-8.82122	1.534084	2.661672
standard error	(3.63143)	(2.29999)	(2.98916)
Log likelihood	2918.852		

将协整关系写成代数表达式：

$$\ln M0 = 0.1739\ln M1 + 0.3017\ln M2 + 0.1134\ln whzk \qquad (4-13)$$

式（4-13）表明在长期内我国外汇占款和货币供给量之间存在稳定的均衡关系。lnwhzk 每增加1%，lnM0 就增加0.11%，也就是外汇占款与货币供给量 M0 之间是同方向变动的。

（三）Granger 因果关系检验

为进一步验证外汇占款和货币供给量之间的因果关系，用 Granger 因果关系检验法对变量进行分析，具体见表 4-16。

表 4-16 Granger 因果关系检验的结果

Pairwise Granger Causality Tests

Sample：2000M01 2021M05

Lags：5

Null Hypothesis：	Obs	F-Statistic	Probability
lnM0I does not Granger Cause lnwhzk	252	1. 64789	0. 14806
lnwhzk does not Granger Cause lnM0		2. 13795	0. 06167
lnM1 does not Granger Cause lnwhzk	252	2. 82629	0. 01681
lnwhzk does not Granger Cause lnM1		1. 48853	0. 19418
lnM2 does not Granger Cause lnwhzk	252	2. 20162	0. 05484
lnwhzk does not Granger Cause lnM2		1. 68515	0. 13881
lnM1 does not Granger Cause lnM0	252	3. 63558	0. 00344
lnM0 does not Granger Cause lnM1		2. 65254	0. 02347
lnM2 does not Granger Cause lnM0	252	5. 32403	0. 00012
lnM0 does not Granger Cause lnM2		1. 77616	0. 11838
lnM2 does not Granger Cause lnM1	252	4. 90248	0. 00027
lnM1 does not Granger Cause lnM2		2. 87097	0. 01542

根据检验结果，在 5% 的显著性水平下货币供给量 M1、M2 和外汇占款变化之间存在单向因果关系，货币供给量 M1 和 M2 是外汇占款变化的 Granger 原因，但外汇占款不是货币供给量 M1 和 M2 变化的 Granger 原因。货币供给量 M0 和外汇占款变化之间也同样是单向因果关系，货币供给量 M0 不是外汇占款变化的 Granger 原因，但在 10% 的显著水平下外汇占款是货币供给量 M0 变化的 Granger 原因。

（四）VAR 模型、脉冲响应和方差分解

1. VAR 模型

外汇占款和货币供给量的 VAR 模型表达式为：

lnwhzk = 1.125213683 × lnwhzk(− 1) − 0.02318570326 × lnwhzk(− 2) − 0.04446578166 × lnwhzk(− 3) + 0.1562343563 × lnwhzk(− 4) − 0.208325384 × lnwhzk(− 5) + 0.02845965215 × lnM0(− 1) + 0.01460390432 × lnM0(− 2) − 0.05235654158 × lnM0(− 3) − 0.07842108873 × lnM0(− 4) + 0.00877659868 × lnM0(− 5) − 0.1452948486 × lnM1(− 1) + 0.09728055897 × lnM1(− 2) − 0.04239251792 × lnM1(− 3) − 0.04803823479 × lnM1(− 4) + 0.1652921744 × lnM1(− 5) + 0.06354917769 × lnM2(− 1) − 0.04539701621 × lnM2(− 2) − 0.1213529516 × lnM2(− 3) + 0.1909242176 × lnM2(− 4) − 0.07287292579 × lnM2(− 5) + 0.2504295148

$$(4-14)$$

lnM0 = 0.007285694643 × lnwhzk(− 1) − 0.06396761327 × lnwhzk(− 2) + 0.03214422739 × lnwhzk(− 3) + 0.03410885277 × lnwhzk(− 4) + 0.006957479892 × lnwhzk(− 5) + 0.07049606907 × lnM0(− 1) + 0.1784348996 × lnM0(− 2) + 0.1898578529 × lnM0(− 3) + 0.1247005754 × lnM0(− 4) + 0.2156004485 × lnM0(− 5) + 0.03137674186 × lnM1(− 1) + 0.0765663654 × lnM1(− 2) − 0.02807111365 × lnM1(− 3) − 0.1234250269 × lnM1(− 4) + 0.08750334272 × lnM1(− 5) + 0.7437180665 × lnM2(− 1) − 0.4014720381 × lnM2(− 2) − 0.1933674327 × lnM2(− 3) + 0.05990478872 × lnM2(− 4) − 0.1242131458 × lnM2(− 5) + 0.4791517503

$$(4-15)$$

lnM1 = − 0.04009774451 × lnwhzk(− 1) − 0.01492258536 × lnwhzk(− 2) − 0.02139153454 × lnwhzk(− 3) + 0.03174861715 × lnwhzk(− 4) + 0.05340659811 × lnwhzk(− 5) + 0.001435498249 × lnM0(− 1) + 0.0498156626 × lnM0(− 2) − 0.002745654045 × lnM0(− 3) − 0.05515405557 × lnM0(− 4) − 0.09201919286 × lnM0(− 5) + 0.516293846 × lnM1(− 1) + 0.3303446241 × lnM1(− 2) + 0.3340586438 × lnM1(− 3) − 0.01253918151 × lnM1(− 4) − 0.2112334099 × lnM1(− 5) + 0.3712314915 × lnM2(− 1) + 0.09592972094 × lnM2(− 2) − 0.6447475636 × lnM2(− 3) + 0.1799046913 × lnM2(− 4) + 0.08672244359 × lnM2(− 5) + 0.2834592864

$$(4-16)$$

$\ln M2 = -0.08256395694 \times \ln whzk(-1) + 0.1266798354 \times \ln whzk(-2) - 0.08728615639 \times \ln whzk(-3) + 0.06845237412 \times \ln whzk(-4) - 0.02126974048 \times \ln whzk(-5) + 0.002776924797 \times \ln M0(-1) + 0.01281522791 \times \ln M0(-2) - 0.002726783388 \times \ln M0(-3) - 0.04078729767 \times \ln M0(-4) + 0.01513031848 \times \ln M0(-5) - 0.165944497 \times \ln M1(-1) + 0.03627614435 \times \ln M1(-2) + 0.05963188774 \times \ln M1(-3) + 0.04954149012 \times \ln M1(-4) + 0.01602874267 \times \ln M1(-5) + 1.213720653 \times \ln M2(-1) - 0.02779403464 \times \ln M2(-2) - 0.09143039731 \times \ln M2(-3) + 0.02389179806 \times \ln M2(-4) - 0.1127600897 \times \ln M2(-5) + 0.07622569691$ （4-17）

对 VAR（5）模型进行平稳性检验，检验结果见表4-17。所有特征根倒数的模都小于1，位于单位圆内，表明 VAR（5）模型是平稳的。

表 4-17　VAR（5）平稳性检验

Roots of Characteristic Polynomial	
Endogenous variables：LNWHZK LNM0 LNM1 LNM2	
Exogenous variables：C	
Root	Modulus
0.995943 - 0.007571i	0.995972
0.995943 + 0.007571i	0.995972
0.952648	0.952648
0.907456 - 0.077082i	0.910724
0.907456 + 0.077082i	0.910724
0.749409	0.749409
-0.253697 + 0.645020i	0.693118
-0.253697 - 0.645020i	0.693118
-0.570723 - 0.375642i	0.683251
-0.570723 + 0.375642i	0.683251
-0.682327 - 0.004628i	0.682343
-0.682327 + 0.004628i	0.682343
0.054404 + 0.653260i	0.655522

Roots of Characteristic Polynomial	
Endogenous variables: LNWHZK LNM0 LNM1 LNM2	
Exogenous variables: C	
Root	Modulus
0.054404 − 0.653260i	0.655522
−0.043441 − 0.617034i	0.618561
−0.043441 + 0.617034i	0.618561
0.117435 + 0.574073i	0.585961
0.117435 − 0.574073i	0.585961
0.502599	0.502599
−0.329034	0.329034
No root lies outside the unit circle.	
VAR satisfies the stability condition.	

2. 脉冲响应分析

用脉冲响应函数分析当在随机误差项上施加一个标准差大小的冲击后对外汇占款和货币供给量的当期值和未来值所产生的影响，具体描述变量间的相互冲击和响应的轨迹。

从图 4-6 (e) 可知，货币供给量 M0 对来自外汇占款的一个标准差新息冲击，一开始就作出正向响应，第 1 期冲击响应值为 0.003，第 2 期冲击响应值为 0.0034，第 3 期至第 6 期响应值不稳定，有上下波动，从第 7 期开始，M0 作出的正向响应开始持续上升，第 36 期响应值为 0.0052。

从图 4-6 (i) 可知，货币供给量 M1 对来自外汇占款的一个标准差新息冲击，立即进行反应，第 1 期响应值为 0.0042。第 2 期至第 10 期，响应值出现轻微波动，从第 11 期开始，正向响应持续上升，并长期保持，第 36 期响应值为 0.0061。

从图 4-6 (m) 可知，货币供给量 M2 对来自外汇占款的一个标准差新息冲击，第 1 期响应值为 0.004，在小幅波动之后，大体上也是保持正向响应的

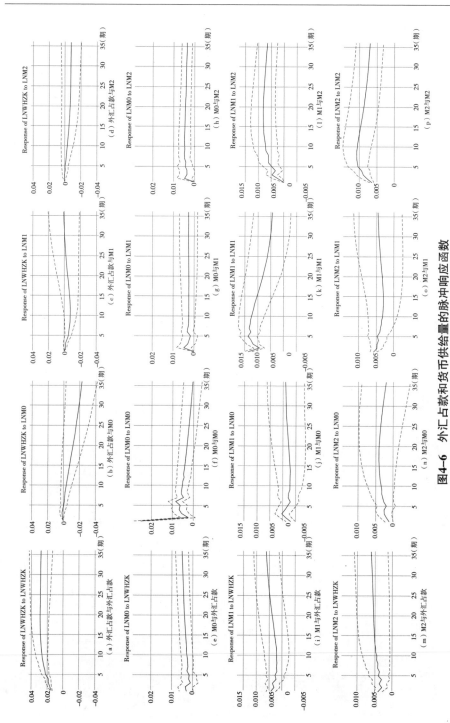

图4-6 外汇占款和货币供给量的脉冲响应函数

趋势,到第 36 期响应值达到 0.0061。

3. 方差分解分析

用方差分解评价外汇占款和货币供给量对预测方差的贡献度,研究模型的动态特征。

从图 4-7 可以看出,货币供给量 M0、M1 和 M2 的预测误差波动主要源自自身变动。从第 1 期到第 36 期,货币供给量 M0 自身变动对预测误差的贡献比例保持在 45.81%~98.71%,货币供给量 M1 自身变动对预测误差的贡献比

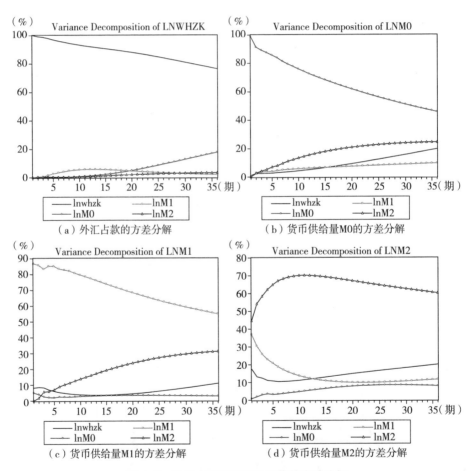

（a）外汇占款的方差分解 （b）货币供给量M0的方差分解

（c）货币供给量M1的方差分解 （d）货币供给量M2的方差分解

图 4-7　外汇占款和货币供给量的方差分解

例保持在 54.99%~86.83%。也就是说，随着时间的推移，货币供给量 M0 和 M1 自身变动对预测误差的贡献比例是下滑的。货币供给量 M2 自身变动对预测误差的贡献比例保持在 44.63%~60.27%，贡献比例逐渐增加。货币供给量 M2 对 M0 和 M1 变动的贡献程度比较大，在第 36 期，货币供给量 M2 对 M0 预测误差的贡献率最大达到 24.59%，对货币供给量 M1 预测误差的贡献率最大达到 31.22%，其次就是外汇占款，其对货币供给量 M0 和 M1 预测误差的贡献率分别为 19.83% 和 10.89%。就货币供给量 M2 的预测误差波动而言，如果不考虑货币供给量 M2 自身的贡献率，贡献率处于上升趋势并达到最大的是外汇占款，第 36 期外汇占款的贡献百分比为 20.07%。

第三节　本章小结

根据对中国人民银行资产负债表的分析，可以看出在我国外汇储备规模扩大背景下，外汇储备成为基础货币投放中的主导因素，外汇占款在基础货币中的比重越来越大，在基础货币投放中占据了重要地位。但 2015 年之后，情况发生了变化，外汇储备规模开始下降，外汇占款数额也开始减少，外汇占款与基础货币的比例较之以前缩小，保持在 65% 左右。

外汇储备对货币供给的影响作用可以表述为一个关系链，即外汇储备变动导致外汇占款变动，从而最终引起基础货币和货币供给量变动。在这个关系链中，外汇占款相当于一座桥，连接着外汇储备与基础货币和货币供给量。本章采用 2000 年 1 月至 2021 年 5 月的月度数据，分两个阶段对外汇储备与货币供给量的关系进行实证分析。第一阶段检验外汇储备与外汇占款之间的关系；第二阶段检验外汇占款与货币供给量 M0、M1 和 M2 之间的关系。

分析结果表明，我国外汇储备和外汇占款之间存在长期稳定的均衡关系，两个变量之间存在影响作用。外汇储备和外汇占款之间存在单向因果关系，这说明两个变量之间存在一种拉动、影响的关系。长期内，我国外汇占款和货币供给量 M0、M1 和 M2 之间也存在稳定的均衡关系。外汇占款对货币供给量 M0、M1 和 M2 的增长有不同程度的影响作用。从脉冲响应分析来看，外汇占款对货币供给量 M1 和 M2 的正向影响作用大于对货币供给量 M0 的正向影响作用。从方差分解分析来看，外汇占款对货币供给量 M2 的预测误差的贡献率最大，对货币供给量 M0 的预测误差的贡献率次之，对货币供给量 M1 的预测误差的贡献率最小。

第五章　我国货币供给内生性研究

在开放经济条件下，商品、服务和生产要素可以比较自由地跨越国界流动，以实现最优的资源配置和经济效益的最大化。国内市场和国际市场联系的加强、进出口贸易的发展，以及资本的跨国流动，都对货币政策实施提出了新要求，由此产生了货币供给的内生性问题与外生性问题的探讨。所谓货币供给内生性（Endogenous）是指货币供给由经济系统中的各种因素如收入、利率、储蓄、汇率、物价水平等决定，社会公众、银行机构等微观主体的经济行为对货币供给量起决定性作用，因而中央银行并不能自行决定货币供给量，只能被动地根据经济发展的需要投放货币量。所谓货币供给外生性（Exogenous）是指货币供给作为外生变量，取决于货币当局的主观意愿或决策行为，独立于经济运行过程之外，与经济系统内的各种因素无关，由货币当局独立决定，并且货币当局可以通过增减货币供给量调节收入、利率、物价水平等因素，有效地干预经济。

第一节　货币供给内生性的研究简述

国外学者很早便对货币供给的内生性问题与外生性问题展开了研究。凯恩斯（1983）认为货币供给是外生变量，中央银行可以控制货币供给，进而有效干预国家经济，同时货币供给不受经济因素的影响。Friedman（1963）提出货币当局能够直接决定基础货币，进而控制货币供给的变动，货币供给是一个外生变量。然而，随着全球经济环境的变迁和金融理论的发展，货币供给外生性理论开始受到挑战，很多学者认为货币供给不是外生变量，而是内生变量。约翰·G. 格利和爱德华·S. 肖（2019）指出银行部门和非银行部门都可以创造债权，非银行部门也是可以创造货币的，因此货币供给不仅取决于银行部门，还取决于非银行部门和公众，货币供给具有内生性，并不是一个外生变量。Kaldor（1985）认为货币供给随着银行存款量和公众持有现金量的变动而变动，并不是货币当局单独决定的。Lavoie（1985）指出银行根据信贷需求，从而创造信贷货币，换言之中央银行是被动决定货币供给的，所以货币供给是内生的。Moore（1988）认为公众的贷款需求决定了银行的贷款规模，从而货币需求决定了货币供给的内生性。Howells 和 Hussein（1998）检验了美国、加拿大、德国、法国、英国、意大利和日本七个国家货币供给的内生性，同时还检验了银行贷款需求和货币需求之间的相互作用，结果显示广义货币是内生的。Nell（2000）研究了南非的货币供应过程，经实证检验，南非的货币供应量是由内生因素决定的。Vymyatnina（2006）对 1995~2004 年俄罗斯货币政策传导机制进行了分析，考察了俄罗斯货币供给的性质，研究结果表明货币供给具有内生性。Nayan 等（2013）利用 1970~2011 年 177 个国家的数据对货币供给的性质进行了动态面板数据分析，分析结果显示货币供给是内生的，与后凯恩斯主义提出的理论一致。

国内学者对货币供给性质的探讨存在不同的观点。第一种观点认为，货币供给是外生的。史永乐（1998）经过实证分析认为经济转型后中国的货币供给表现出外生性。杨旭和冯兆云（2012）运用联立方程回归对我国的货币供求函数进行估计，回归结果显示我国货币供给具有外生性。第二种观点认为，货币供给是内生的。冯玉明等（1999）采用统计数据研究发现我国货币供给有较强的内生性，并认为货币政策若以货币供给作为操作目标，对经济运行的调节作用有限。万解秋和徐涛（2001）分析了我国货币供给的性质及货币政策的有效性，指出我国货币供给量 M2 有较强的内生性。孙杰（2004）检验了一个包括商业银行、公众和中央银行的货币供给模型，检验结果表明货币供给有内生性特征。陈宇峰（2006）认为我国货币供给的内生性导致了货币政策的失效。楚尔鸣等（2007）指出外汇储备规模的变动使我国货币供给的内生性增强，因而需要加强中央银行调控基础货币的能力。张文（2008）运用货币供求均衡分析探讨了经济货币化进程和内生性货币供给问题，认为我国基础货币供给有较强的被动性，表现出明显的内生性。王有光（2009）采用货币供给一般模型分析影响我国货币供给特性的相关因素，指出我国货币供给是内生的。刘志雄和李剑（2010）从货币供应量的计算公式考察，认为在开放经济环境中，我国基础货币和货币乘数的内生性必然导致货币供给的内生性，中央银行不能独立决定货币供给量，因而中央银行货币政策策略应转向货币需求管理，同时货币政策操作目标也应进行相应调整。王静和魏先华（2012）指出随着经济发展和金融市场化进程的推进，我国货币供给的内生性特征越来越明显。李威和朱太辉（2018）构建了一个六部门的 DSGE 模型用以检验货币供给的内生性，估计结果表明货币政策传导机制和货币信贷创造都具有比较强的内生性。第三种观点认为，货币供给兼具外生性和内生性。赵伟和常修泽（2008）利用生态系统物质循环的相关理论，从仿生学角度将货币循环视为金融生态系统中金融主体间因货币供给和货币需求所形成的一种联系，因此货币供给既是外生变量又是内生变量，同时兼具外生性和内生性特征。

综上所述，货币供给的外生性问题和内生性问题，是各国学者在探讨货币政策效果时所关注的领域。长久以来，对货币供给是归属于外生变量还是归属于内生变量并没有形成一致性观点，甚至在经济发展的不同阶段，随着时间推移和经济环境变化，货币供给的外生性和内生性还会出现转化。关于货币供给的外生性或内生性的判断，在货币政策效果分析中有较强的政策含义，对于制定货币政策和选择货币政策操作目标意义重大。在开放经济背景条件下，本章将进一步实证检验我国货币供给的性质，探究对我国货币供给变动起影响作用的因素，并结合实际情况提出相应的货币政策建议。

第二节　基于货币供给方程的分析

通过货币乘数作用，基础货币可以创造出数倍于自身的货币供给量。根据 Friedman（1963）提出的货币供给理论，用 M 表示货币供给，K 表示货币乘数，MB 表示基础货币，可以得到：

$$M = K \times MB \tag{5-1}$$

其中，基础货币 MB 由公众持有的现金 C 和商业银行持有的存款准备金 R 所构成。货币供给 M 作为全社会的货币供给量，表现为现金 C 和存款量 D 之和，因此货币乘数可以进一步写为：

$$K = \frac{C + D}{C + R} \tag{5-2}$$

将式（5-2）分子和分母同时除以 D，改写为：

$$K = \frac{\dfrac{C}{D} + 1}{\dfrac{C}{D} + \dfrac{R}{D}} \tag{5-3}$$

至此，货币供给方程可以写为：

$$M = \frac{\dfrac{C}{D} + 1}{\dfrac{C}{D} + \dfrac{R}{D}} \times MB \tag{5-4}$$

式（5-4）表明，决定货币供给 M 的因素有三个，分别是通货存款比率 C/D、准备存款比率 R/D 和基础货币 MB。通货存款比率 C/D 主要由公众和企业的持币行为决定，准备存款比率 R/D 主要由商业银行的经营行为控制，基础货币 MB 是由货币当局决定的。货币供给外生论者认为因为货币当局能够直接决定基础货币 MB，而基础货币 MB 对通货存款比率 C/D 及准备存款比率

R/D 都有影响作用，从而货币当局最终决定了货币供给 M 的水平，所以货币供给具有外生性。但是，货币供给内生论者则认为通货存款比率 C/D 主要由公众和企业的行为控制，准备存款比率 R/D 主要由商业银行的需求决定，而公众持币行为、企业持币行为和商业银行的经营行为是跟随经济形势的变化而变化的，且这种变化没有确定性的规律，因而属于不稳定变量。所以，它们并不是货币当局可以通过基础货币 MB 所能完全控制和调节的指标，货币供给具有内生性。通过货币供给方程的分析，可以清晰的一点是，与通货存款比率 C/D、准备存款比率 R/D 和基础货币 MB 这三个指标相关的变量都有可能成为影响货币供给量变动的因素。

第三节　货币供给内生性的实证分析

一、变量选择与数据说明

（一）变量选择

我们考虑用与公众持币行为、企业持币行为和银行经营行为息息相关的变量对我国货币供给的内生性进行分析，即选择货币供给量、货币乘数、汇率和利率这几个变量建立 VAR 模型检验现阶段我国货币供给的内生性。

（二）数据说明

样本数据均为月度数据，样本期为 2002 年 1 月到 2021 年 9 月，样本容量为 237 个。货币供给数据方面，M0 和 M1 代表的货币供应量范围偏狭窄，而 M2 是广义货币，能更全面地反映货币供给变化的情况，并且多数国家在设计货币供给问题时习惯以 M2 作为货币指标，所以选择 M2 作为分析对象。货币乘数是用货币供给量 M2 除以基础货币算出。货币供给量 M2、基础货币、汇率和利率的原始数据均来自中国人民银行。居民消费价格指数 CPI 的原始数据来自国家统计局。为避免季节因素对检验结果的影响，运用 X-12 方法对时间序列进行调整。以 2002 年 1 月为 100，对 X-12 法调整后的数据用居民消费价格指数 CPI 进行平减，以消除物价波动产生的影响。为避免数据剧烈波动和消除时间序列中可能存在的异方差问题，对所有变量取自然对数。

二、数据检验

（一）单位根检验

非平稳时间序列直接建立回归模型会导致虚拟回归，所以先对各序列进行平稳性检验。对货币供给（M2）、货币乘数（K）、汇率（E）和利率（R）进行单位根检验（ADF），以判断各序列的平稳性。对变量的原序列和差分序列进行平稳性检验后，结果如表 5-1 所示。

表 5-1　各序列单位根检验

变量	检验形式（c, t, n）	ADF 检验统计量	结论
lnM2	(c, t, 0)	-12.38778 ***	I (1)
lnK	(0, 0, 0)	-18.11713 ***	I (1)
lnE	(0, 0, 0)	-11.15602 ***	I (1)
lnR	(c, t, 0)	-17.64111 ***	I (1)

注：c、t 和 n 分别表示截距、趋势和滞后阶数；*、** 和 *** 分别表示 ADF 检验统计值在 10%、5% 和 1% 的置信区间内是显著的。

根据单位根检验的结果，lnM2、lnK、lnE 和 lnR 的原序列未通过检验，序列是非平稳的。对序列进行一阶差分，lnM2、lnK、lnE 和 lnR 差分后的 ADF

值均小于 1% 的临界值，通过了 ADF 检验，构成平稳的时间序列，均为一阶单整序列 I（1），可以用于建模分析。

（二）模型滞后阶数的确定

根据单位根检验（ADF）的结果，选择货币供给、货币乘数、汇率、利率和金融机构人民币贷款总额可以构建 VAR 模型。建模之前，需要对模型的滞后阶数进行检验判断。根据 LogL、LR 检验、FPE、AIC 准则、SC 准则和 HQ 准则等统计量确定模型的滞后阶数。

从表 5-2 可知，六个检验统计量中，FPE、AIC 和 HQ 支持选择滞后阶数为 2，SC 支持选择滞后阶数为 1，LR 支持选择滞后阶数为 8。根据多准则联合确定法，选择滞后阶数为 2 进行建模分析，即建立 VAR（2）模型。

表 5-2　滞后阶数检验

Sample：2002M01 2021M09

Included observations：229

Lag	LogL	LR	FPE	AIC	SC	HQ
0	345.0184	NA	5.98E-07	-2.97833	-2.91835	-2.95413
1	2290.174	3805.37	2.88E-14	-19.8269	-19.52696*	-19.7059
2	2327.678	72.05949	2.39E-14*	-20.01465*	-19.4749	-19.79689*
3	2339.246	21.82319	2.48E-14	-19.976	-19.1962	-19.6614
4	2350.172	20.22972	2.60E-14	-19.9316	-18.912	-19.5203
5	2363.068	23.42615	2.67E-14	-19.9045	-18.645	-19.3964
6	2376.047	23.12496	2.75E-14	-19.8781	-18.3787	-19.2732
7	2385.784	17.00697	2.91E-14	-19.8234	-18.0841	-19.1217
8	2408.489	38.86623*	2.75E-14	-19.882	-17.9027	-19.0835

* indicates lag order selected by the criterion

LR：sequential modified LR test statistic（each test at 5% level）

FPE：Final prediction error

AIC：Akaike information criterion

SC：Schwarz information criterion

HQ：Hannan-Quinn information criterion

（三） Johansen 协整检验

协整检验有助于分析货币供给、货币乘数、汇率和利率等变量之间的长期均衡关系。协整检验的原理是，如果两个或两个以上的变量非平稳，但这一组非平稳时间序列的线性组合表现出平稳的特征，也就是时间序列组不具有随机趋势，则这些变量之间存在一种长期稳定的关系，即这个线性组合存在协整关系。根据单位根检验，货币供给（M2）、货币乘数（K）、汇率（E）和利率（R）都是一阶单整序列 I（1），现采用 Johansen 协整检验方法对这些变量之间的协整关系进行分析。具体结果如表 5-3 和表 5-4 所示。

表 5-3　迹统计量协整检验结果

Included observations：235 after adjustments

Series：lnM2 lnK lnE lnR

Hypothesized No. of CE（s）	Eigenvalue	Trace Statistic	0.05 Critical Value	Prob.**
None*	0.198704	86.89184	47.85613	0
At most 1*	0.115632	34.83346	29.79707	0.0121
At most 2	0.019497	5.956141	15.49471	0.7007
At most 3	0.00564	1.329087	3.841466	0.249

Trace test indicates 2 cointegrating eqn（s）at the 0.05 level

表 5-4　最大特征值协整检验结果

Hypothesized No. of CE（s）	Eigenvalue	Max-Eigen Statistic	0.05 Critical Value	Prob.**
None*	0.198704	52.05838	27.58434	0
At most 1*	0.115632	28.87732	21.13162	0.0033
At most 2	0.019497	4.627055	14.2646	0.788
At most 3	0.00564	1.329087	3.841466	0.249

Max-eigenvalue test indicates 2 cointegrating eqn（s）at the 0.05 level

由表5-3和表5-4可知，在研究样本期间内，货币供给（M2）、货币乘数（K）、汇率（E）和利率（R）之间在5%的显著性水平下通过了Johansen协整检验，这表明它们之间是存在长期均衡的稳定的经济联系的。标准化的协整系数见表5-5。

表5-5　标准化的协整系数

Normalized cointegrating coefficients

lnE	lnK	lnM2	lnR
1	−0.108912	0.162526	0.12202
standard error	(0.06916)	(0.01542)	(0.03322)
Log likelihood	2374.41		

将协整关系写成代数表达式：

$$\ln M2 = 0.6701 \ln K - 6.1529 \ln E - 0.7508 \ln R \tag{5-5}$$

由式（5-5）可知，货币供给对货币供给、货币乘数、汇率、利率和金融机构人民币贷款的弹性系数，这是长期均衡关系。

三、Granger 因果关系检验

协整检验只是表明货币供给（M2）、货币乘数（K）、汇率（E）和利率（R）之间存在长期稳定的关系，但没有说明这种关系的方向。下面将进一步探究货币供给（M2）、货币乘数（K）、汇率（E）和利率（R）之间是否存在长期因果关系，对变量进行 Granger 因果检验。检验结果如表5-6所示。

由表5-6可知，汇率（E）不是货币供给（M2）的 Granger 原因的 F 统计量伴随概率是0.01458，小于5%的显著性水平，汇率（E）不是货币供给（M2）的 Granger 原因这一假设被拒绝，认为汇率（E）是货币供给

（M2）变化的 Granger 原因。在汇率与货币供给之间，汇率能显著地引起货币供给的变化。因此，在 2002 年 1 月至 2021 年 9 月这段时间，汇率能够引起货币供给的变化，说明我国广义货币供给（M2）的内生性比较强。货币供给（M2）不是汇率（E）的 Granger 原因，这一假设被接受，说明货币供给（M2）不能引起汇率（E）的变动。货币供给（M2）与汇率（E）之间只存在单向的因果关系，即只存在汇率（E）是货币供给（M2）的 Granger 原因，反之则不成立。

表 5-6　Granger 因果关系检验的结果

Pairwise Granger Causality Tests			
Sample：2002M01 2021M09			
Null Hypothesis：	Obs	F-Statistic	Probability
lnK does not Granger Cause lnE	235	0.5375	0.58494
lnE does not Granger Cause lnK		3.20063	0.04256
lnM2 does not Granger Cause lnE	235	0.2813	0.75506
lnE does not Granger Cause lnM2		4.30644	0.01458
lnR does not Granger Cause lnE	235	0.58849	0.55600
lnE does not Granger Cause lnR		5.04848	0.00715
lnM2 does not Granger Cause lnK	235	3.07312	0.04818
lnK does not Granger Cause lnM2		3.6538	0.02741
lnR does not Granger Cause lnK	235	7.11027	0.00101
lnK does not Granger Cause lnR		0.11863	0.88819
lnR does not Granger Cause lnM2	235	1.91459	0.14974
lnM2 does not Granger Cause lnR		3.72838	0.02550

货币乘数（K）不是货币供给（M2）的 Granger 原因的 F 统计量伴随概率是 0.02741，小于 5%的显著性水平。货币乘数（K）不是货币供给（M2）的 Granger 原因的假设被拒绝，所以货币乘数（K）是货币供给（M2）变化的 Granger 原因。这说明，在 2002 年 1 月至 2021 年 9 月这段时间，货币乘数

（K）显著地引起货币供给（M2）的变化。另外，货币供给（M2）不是货币乘数（K）的 Granger 原因的 F 统计量伴随概率是 0.04818，小于 5% 的显著性水平，货币供给（M2）不是货币乘数（K）的 Granger 原因的假设被拒绝，货币供给（M2）是货币乘数（K）的 Granger 原因，货币供给（M2）能够影响货币乘数（K）的变化。这表明，货币乘数（K）和货币供给（M2）之间是双向的 Granger 因果关系，两者是相互影响、相互作用的。

利率（R）不是货币供给（M2）的 Granger 原因的 F 统计量伴随概率是 0.14974，在 5% 的显著性水平下，利率（R）不是货币供给（M2）的 Granger 原因的假设被接受，也就是利率（R）不能影响货币供给（M2）的变化。但是，货币供给（M2）不是利率（R）的 Granger 原因的 F 统计量伴随概率是 0.02550，小于 5% 的显著性水平，因此货币供给（M2）不是利率（R）的 Granger 原因的假设被拒绝，货币供给（M2）是利率（R）变化的 Granger 原因。这表明在 2002 年 1 月至 2021 年 9 月这段时期，货币供给（M2）能显著引起利率（R）的变化。

除此以外，在 Granger 因果关系检验中，还可以看出在 5% 的显著性水平下，汇率（E）与货币乘数（K）之间存在单向因果关系，汇率（E）是货币乘数（K）变化的 Granger 原因。汇率（E）与利率（R）之间存在单向因果关系，汇率（E）是利率（R）变化的 Granger 原因。利率（R）与货币乘数（K）之间也存在单向因果关系，利率（R）是货币乘数（K）变化的 Granger 原因。

四、VAR 模型、脉冲响应和方差分解

（一）VAR 模型

我国货币供给量、货币乘数、汇率和利率的 VAR 表达式为：

$\ln M2 = 1.052152103 \times \ln M2(-1) - 0.05604002324 \times \ln M2(-2) +$

$0.001858259773 \times \ln K(-1) - 0.007740663203 \times \ln K(-2) + 0.05954551035 \times$
$\ln E(-1) - 0.08741917814 \times \ln E(-2) - 0.01068347296 \times \ln R(-1) +$
$0.004070918825 \times \ln R(-2) - 0.07118629316$ (5-6)

$\ln K = 0.1435314575 \times \ln M2(-1) - 0.1102257121 \times \ln M2(-2) +$
$0.6330623701 \times \ln K(-1) + 0.2851190473 \times \ln K(-2) + 0.3197787287 \times \ln E(-1) -$
$0.1484090526 \times \ln E(-2) - 0.04356018767 \times \ln R(-1) + 0.03226003159 \times$
$\ln R(-2) - 0.1235671853$ (5-7)

$\ln E = -0.0678010501 \times \ln M2(-1) + 0.06673985197 \times \ln M2(-2) -$
$0.02749524027 \times \ln K(-1) + 0.0285417962 \times \ln K(-2) + 1.327409392 \times \ln E(-1) -$
$0.3464264844 \times \ln E(-2) - 0.00525748326 \times \ln R(-1) + 0.002493714536 \times$
$\ln R(-2) - 0.04819334727$ (5-8)

$\ln R = -2.768086123 \times \ln M2(-1) + 2.796444001 \times \ln M2(-2) +$
$0.804903623 \times \ln K(-1) - 0.9325669019 \times \ln K(-2) - 2.602112281 \times \ln E(-1) +$
$2.602722499 \times \ln E(-2) + 0.7655912205 \times \ln R(-1) + 0.1095922349 \times \ln R(-2) -$
1.05577445 (5-9)

为保证 VAR 模型估计结果的解释是可靠的，需要对模型整体的稳定性进行检验，故对 VAR 模型进行平稳性检验。平稳性检验结果如表 5-7 所示。

表 5-7   VAR（2）平稳性检验

Roots of Characteristic Polynomial	
Endogenous variables：lnM2 lnK lnE lnR	
Exogenous variables：C	
Root	Modulus
0.992878 - 0.002655i	0.992881
0.992878 + 0.002655i	0.992881
0.914088 - 0.022210i	0.914357
0.914088 + 0.022210i	0.914357
0.318752	0.318752
-0.245001 - 0.158214i	0.291646

Roots of Characteristic Polynomial	
Endogenous variables：lnM2 lnK lnE lnR	
Exogenous variables：C	
Root	Modulus
−0. 245001 + 0. 158214i	0. 291646
0. 135535	0. 135535
No root lies outside the unit circle.	
VAR satisfies the stability condition.	

从表 5-7 可以看出，在 VAR 模型平稳性检验结果中，所有特征根倒数的模均小于 1，即分布在单位圆内，说明整个 VAR 模型的估计结果是平稳的，可以进一步分析阐释问题。

(二) 脉冲响应分析

在上面的分析中，货币供给（M2）、货币乘数（K）、汇率（E）和利率（R）之间存在协整关系。为考察货币供给（M2）与货币乘数（K）、汇率（E）和利率（R）之间联动关系的冲击特征与动态影响，可以运用脉冲响应函数研究一个标准差新息冲击的情况，进一步描绘出变量间的脉冲响应函数图，冲击情况如图 5-1 所示。

从图 5-1（a）中可以看出，货币供给（M2）对来自自身的一个标准差新息冲击，一直作出的都是正向响应，在第 6 期达到最大响应值 0.009725，之后略有微小回落，观测期内基本保持稳定。

从图 5-1（b）中可以看出，货币供给（M2）对来自货币乘数（K）的一个标准差新息冲击，在前 6 期作出小幅波动的正向响应。从第 7 期开始变为负向响应，并且这种负向作用一直持续到第 36 期，第 36 期的冲击响应值为 -0.001789。这表明货币乘数（K）受外部条件冲击后，对货币供给（M2）主要造成的是反向冲击，虽然冲击幅度不大但有较长的持续效应。

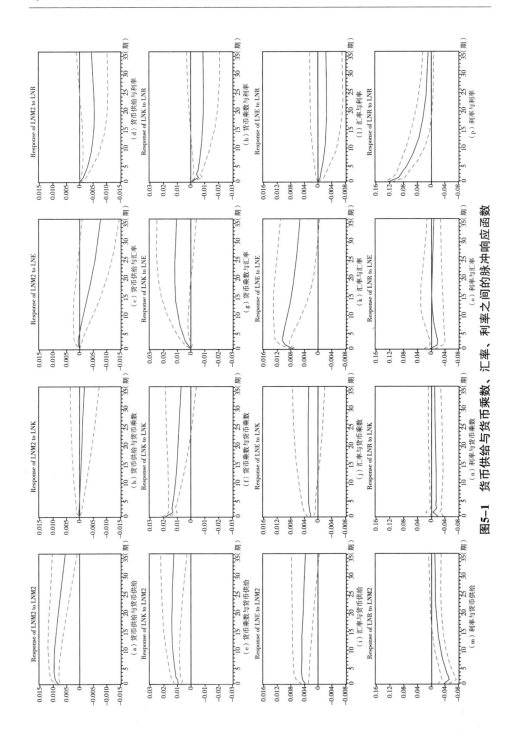

图5-1　货币乘数、汇率、利率之间的脉冲响应函数

从图 5-1（i）中可以看出，汇率（E）的一个扰动对货币供给（M2）的影响，一开始未作出响应。货币供给（M2）从第 2 期开始作出正向响应，到第 3 期冲击响应值为 0.000545。之后冲击响应值回落，第 6 期作出负向响应，到第 36 期冲击响应值为 -0.007728。这说明汇率（E）受到外部冲击后，经市场传递给货币供给（M2），给货币供给（M2）带来反向冲击，并且这一冲击具有显著的抑制作用。

从图 5-1（d）中可以看出，货币供给（M2）对来自利率（R）的一个标准差新息冲击，在第 1 期未作出响应，从第 2 期开始有负面的影响。第 19 期负效应达到最大，冲击响应值为 -0.005437，随后利率（R）对货币供给（M2）的抑制作用有微小减弱，到第 36 期冲击响应值为 -0.004462。这表明利率（R）对货币供给（M2）造成的反向冲击，具有明显的抑制作用且持续效应较长。

（三）方差分解分析

可以运用方差分解将预测均方误差分解成系统中各个变量所作的贡献，并且计算出每一个变量冲击的相对重要性，即每一个结构冲击对内生变量的贡献占总贡献的比例，从而获得每个随机扰动的相对重要信息。现在利用方差分解的基本原理分析货币乘数（K）、汇率（E）和利率（R）对货币供给（M2）变动的贡献程度。

从图 5-2（a）可以看出，货币供给（M2）的预测误差波动主要来自自身影响，不过随着时间的推移，货币供给自身的贡献率是逐渐减弱的，到第 36 期货币供给自身贡献率为 60.98%。货币乘数（K）对货币供给（M2）预测误差的贡献率比较小，在整个预测期贡献率最大仅达到 0.81%。汇率（E）对货币供给（M2）预测误差的贡献率是逐渐增加的，在第 36 期贡献率为 18.69%。利率（R）对货币供给（M2）预测误差的贡献率同样也是逐渐增加的，自第 22 期开始方差分解结果基本稳定，到第 36 期贡献率为 19.51%。

不考虑货币供给（M2）自身的贡献率，利率（R）和汇率（E）对货币

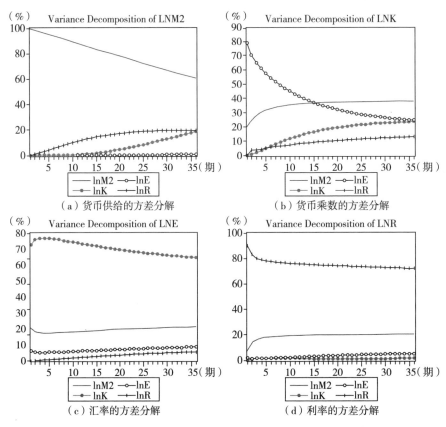

图 5-2　货币供给与货币乘数、汇率、利率之间的方差分解

供给（M2）预测误差的贡献率比较大，对货币供给（M2）的冲击作用比较明显。货币乘数（K）的贡献程度相比之下要小些，对货币供给（M2）的影响比较有限。这与脉冲响应分析一致。

第四节　本章小结

本章对货币供给内生性研究进行了回顾。有的学者认为货币供给是外生的，中央银行可以自主决定货币供给量。有的学者认为货币供给是内生的，经济系统中还有其他因素决定货币供给水平，中央银行不能单独决定货币供给量。还有少数学者认为货币供给兼具内生性和外生性特征。

根据对货币供给方程的分析，通货存款比率（C/D）、准备存款比率（R/D）和基础货币（MB）是决定货币供给量的主要因素。

在研究样本期间内，货币供给（M2）、货币乘数（K）、汇率（E）和利率（R）之间存在长期均衡的稳定的经济联系。这说明在这一时期货币乘数（K）、汇率（E）和利率（R）会对货币供给量产生长期的影响。

货币供给（M2）与汇率（E）之间存在单向因果关系，汇率（E）是货币供给（M2）的 Granger 原因。货币供给（M2）和货币乘数（K）之间存在双向的 Granger 因果关系，两者是相互影响、相互作用的。货币供给（M2）与利率（R）之间存在单向因果关系，货币供给（M2）是利率（R）变化的 Granger 原因。

从脉冲响应分析来看，货币乘数（K）受外部条件冲击后，对货币供给（M2）主要造成反向冲击，但冲击幅度比较小。汇率（E）和利率（R）对货币供给（M2）造成的反向冲击力度较大，具有明显的抑制作用且持续效应较长。

从方差分解分析来看，汇率（E）和利率（R）对货币供给（M2）预测误差的贡献率比较大，都高于货币乘数（K）的贡献率，这与脉冲响应分析一致。

综合以上分析，我国货币供给具有一定的内生性，这会影响到货币政策的实施效果。货币供给的内生性会导致以货币供给量为中介目标的货币政策调节作用受到限制，货币当局在制定货币政策时需要考虑到货币供给的内生性特点，选择恰当的货币政策操作目标，并且将货币供给管理与货币需求管理协调起来配合实施。

第六章 开放条件下我国货币政策传导机制研究

第一节 货币政策传导机制理论

货币政策传导机制是指运用相关货币政策工具进行货币政策操作引起社会经济生活中某些变量的变化，以最终实现预期的货币政策调控目标。弗雷德里克·S. 米什金（2011）将货币政策传导机制分为传统利率传导途径、其他资产价格途径和信用途径。

一、利率传导途径

凯恩斯在 1930 年出版的《货币论》中提出应使用恰当的货币政策来影响市场利率水平，使投资和储蓄保持相等，最终改善经济发展状况和物价水平。在 1936 年出版的《就业、利息与货币通论》中，凯恩斯进一步将货币政策传导机制理论表述为货币政策是通过利率和有效需求来影响社会经济活动的。

Hicks（1937）和 Hansen（1953）通过 IS－LM 模型将利率传导途径表述为：

M↑→r↓→I↑→Y↑

其中，M 为货币供给；r 为利率；I 为投资；Y 为总产出。

货币供给量（M）增加，代表实施的是扩张性的货币政策，导致实际利率水平（r）下降；筹资成本的降低，促使投资水平（I）增加，最终引起总产出（Y）的增加。

二、其他资产价格途径

（一）汇率传导途径

随着浮动汇率制度的实行和经济国际化趋势的发展，货币政策影响汇率水平，进一步影响净出口和总产出水平的作用越来越明显。当实施扩张性货币政策时，国内利率水平会下降，从而引致本币币值下跌，即表现为汇率值下跌（在间接标价法下）。本币币值的下跌使本国产品价格相对于外国产品价格低廉，因而净出口会增加，最终总产出也增加。汇率传导途径为：

M↑→r↓→E↓→NX↑→Y↑

其中，E 为汇率（间接标价法）；NX 为净出口。

（二）托宾 Q 理论

Tobin（1969）提出了股票价格会影响企业投资的理论。Tobin 把 Q 值定义为企业的股票市场价值与新建造企业的成本的比率，根据 Q 值可以衡量是否进行新投资。如果 Q<1，即企业的股票市场价值小于新建造企业的成本，则买旧的企业比建设新企业便宜，因此不会有投资。如果 Q>1，意味着新建造企业的成本比企业的股票市场价值要小，因而投资会增加。Tobin Q 理论事实上反映了股票价格越高，Q 值越大，投资需求也越大。扩张性的货币政策导致公众手中持有的货币量增加，将货币投入股票市场成为货币支出的一条出路，从而引致股票需求增加，股票价格（Ps）上升。而这又会导致 Q 值变大，最终投资支出增加。其传导途径为：

$$M\uparrow\rightarrow Ps\uparrow\rightarrow q\uparrow\rightarrow I\uparrow\rightarrow Y\uparrow$$

（三）财富传导途径

Modigliani（1971）用消费生命周期假说对财富传导途径进行了阐述。Modigliani 研究该传导途径的前提是消费者在一生中平均安排其消费支出。因此，决定消费者消费支出的不仅是当前收入，还有其毕生的财富。消费者毕生财富的一个重要组成部分就是由普通股票构成的金融财富。前面提到过，当实施扩张性货币政策时，会推动股票价格上涨。在此情况下，消费者的金融财富价值会增加，消费者的消费支出（C）增加，刺激总需求。财富传导途径为：

$$M\uparrow\rightarrow Ps\uparrow\rightarrow 财富\uparrow\rightarrow C\uparrow\rightarrow Y\uparrow$$

三、信用传导途径

信用传导途径是采用金融市场中的信息不对称问题来解释货币政策传导机制。除此以外，信用传导途径理论还认为信用市场的不完善会影响企业对劳动力需求和支出方面的决策，以及信用约束对小规模企业的影响更显著。

（一）银行借贷途径

货币政策可以通过调整商业银行贷款的供给来影响外在融资溢价。银行贷款的增加会减少外在融资溢价，从而刺激经济活动。例如，当实施扩张性的货币政策，商业银行准备金（R）增加，从而导致货币供给量上升，银行存款（D）随之而上升。银行贷款（L）的增加将导致数量更多的投资和消费。银行借贷途径为：

$$R\uparrow\rightarrow M\uparrow\rightarrow D\uparrow\rightarrow L\uparrow\rightarrow I\uparrow\rightarrow Y\uparrow$$

（二）资产负债表途径

由于存在信用市场的信息不对称，所以资产负债表途径也成为货币政策传导机制之一。一般来说，银行在向净值低的企业发放贷款的过程中，更容易发生逆向选择和道德风险问题。所谓净值（Net Worth），又称为权益资本，是公司资产（它所拥有的以及别人欠它的）与其负债（它所欠的）之间的差额，与抵押品发挥着相似的作用①。逆向选择（Adverse Selection）是指，那些最可能造成不利（逆向）后果即制造信贷风险的潜在借款人，往往是那些最积极寻求贷款，并且最可能获取贷款的人。道德风险（Moral Hazard）是指借款人从事不利于贷款人的（不道德）活动的风险（危险），因为这些活动增大了贷款无法清偿的概率②。货币政策可以通过不同渠道影响企业的资产负债状况，达到调节经济的目的。资产负债表途径为：

$$M\uparrow \to Ps\uparrow \to NW\uparrow \to AS\downarrow，MH\downarrow \to L\uparrow \to I\uparrow \to Y\uparrow$$

其中，NW 为净值，AS 为逆向选择，MH 为道德风险。当实施扩张性的货币政策，增加货币供给量（M）时，股票价格（Ps）上涨，企业净值（NW）增加。企业净值的增加，意味着借款人可供抵押的资产增多，因而可以减少逆向选择（AS）和道德风险（MH）问题，银行贷款（L）增加，从而刺激投资（I）和增加总产出（Y）。

（三）现金流途径

扩张性货币政策导致名义利率水平下降，现金流（CF）③ 增加。因此，企业的资产负债表得以改善。那么，在逆向选择（AS）和道德风险（MH）减少的前提下，银行贷款（L）会增加，最终投资（I）和总产出（Y）都会

---

① 弗雷德里克·S. 米什金. 货币金融学 [M]. 郑艳文，荆国勇译. 北京：中国人民大学出版社，2011：170.

② 弗雷德里克·S. 米什金. 货币金融学 [M]. 郑艳文，荆国勇译. 北京：中国人民大学出版社，2011：40-41.

③ 这里的现金流是指现金收入与支出的差额。

增加。现金流途径为：

$M\uparrow\rightarrow r\downarrow\rightarrow CF\uparrow\rightarrow AS\downarrow$，$MH\downarrow\rightarrow L\uparrow\rightarrow I\uparrow\rightarrow Y\uparrow$

现金流途径和利率传导途径的作用机制都与利率有关，但是这两种传导机制是有区别的。现金流途径通过名义利率水平对现金流起影响作用，而利率传导途径是通过实际利率水平对投资起影响作用。

(四) 家庭流动性途径

家庭资产负债表途径是通过消费者的支出意愿，而非贷款人的放款意愿，来发挥作用的。流动性资产和非流动性资产对消费者的资产负债状况的影响是不同的。耐用消费品和住宅之类的资产属于非流动性资产，而存款、股票和债券等金融资产属于流动性资产。遭遇财务困境，如果消费者通过出售非流动性资产来筹集资金，则很容易遭受损失。但如果消费者通过出售流动性资产，则很容易按市场价格变现，轻松地筹措到资金，损失较小。所以，当消费者预期遭遇财务困境的可能性较小时，比较愿意持有耐用品和住宅等非流动性资产，反之，则比较愿意持有容易变现的流动性资产。

扩张性的货币政策推动股票价格 (Ps) 上升，使居民的金融资产价值增加，资产负债表状况改善，遭遇财务困境的可能性降低，从而增加对耐用消费品和住宅的购买，推动经济发展。家庭流动性传导途径为：

$M\uparrow\rightarrow Ps\uparrow\rightarrow$金融资产价值$\uparrow\rightarrow$遭遇财务困境可能性$\downarrow\rightarrow$耐用消费品和住宅的支出$\uparrow\rightarrow Y\uparrow$

(五) 意料之外的物价水平传导途径

一般而言，债务通常是以固定的名义利率计息的，因此意料之外的物价上涨会减少企业的实际债务，但对企业的资产的实际价值没有影响。所以，扩张性的货币政策所导致的意料之外的物价 (P) 上涨，会增加企业的实际净值 (NW)，从而减少逆向选择 (AS) 和道德风险 (MH)，银行贷款 (L) 增长，最后增加投资 (I) 和提高总产出 (Y)。意料之外的物价水平途径为：

$M\uparrow \rightarrow P\uparrow \rightarrow NW\uparrow \rightarrow AS\downarrow$ ，$MH\downarrow \rightarrow L\uparrow \rightarrow I\uparrow \rightarrow Y\uparrow$

第二节 货币政策传导机制的实证分析

一、利率传导途径分析

外汇储备对利率传导途径的影响主要表现为当外汇储备增加时，外汇占款增加，从而导致货币供给量增加。货币供给量的扩张导致利率水平下降，从而导致投资增加、消费增加，最终导致国内收入和产出增加。下面将对外汇储备与利率传导途径之间的关系进行定量分析，考察外汇储备对利率传导途径的影响程度，以及外汇储备的变化是否能经利率传导机制的作用最终对实体经济产生影响。

（一）变量与数据

1. 变量选取

在考察外汇储备与利率传导机制之间的关系这个问题上，外汇储备对外汇占款和货币供给量的影响前面已做过分析，现主要对外汇储备（whcb）、实际利率（r）、固定资产投资完成额（i）、社会消费品零售总额（sc）和国内生产总值（GDP）这五个变量进行分析。

2. 数据说明

样本数据均为月度数据，样本期为 2003 年 2 月到 2012 年 9 月，样本容量为 116 个。外汇储备（whcb）数据来自国家外汇管理局，并按中国人民银行公布的汇率平均价折算为亿元人民币单位。实际利率（r）是由名义利率经通货膨胀率调整后计算得到的。通货膨胀率是由国家统计局公布的 CPI 算出。名义利率是中国银行公布的金融机构人民币一年期存款利率。固定资产投资完成额（i）和社会消费品零售总额（sc）来自国家统计局。我国未公布1月的固定资产投资完成额，所以1月的数据是用固定资产投资完成额1月至2月的累计值的1/2代替。由于我国没有国内生产总值（GDP）的月度数据，因此采用国家统计局公布的月度工业增加值增长率（gyzj）来代表我国的产出状况。国家统计局2005年以后不再统计1月的工业增加值增长率，2005年至2012年1月的工业增加值增长率采用中值法获得。外汇储备、固定资产投资完成额和社会消费品零售总额的数据采用X-12法进行季节调整，以2003年2月为100，用CPI进行了平减以剔除物价变动影响，最后为了避免数据波动做了对数处理。

（二）数据检验

1. 单位根检验

对外汇储备（whcb）、实际利率（r）、固定资产投资完成额（i）、社会消费品零售总额（sc）和工业增加值增长率（gyzj）进行单位根检验（ADF），以判断时间序列的平稳性。对变量的原序列和差分序列进行单位根检验后，检验结果如表6-1所示。

表6-1　各序列单位根检验

变量	检验形式（c，t，n）	ADF 检验统计量	结论
Δwhcb	（c，t，1）	-10.1913***	I（1）
Δr	（c，0，1）	-12.72553***	I（1）
Δi	（c，0，2）	-14.26343***	I（1）
Δsc	（c，0，2）	-11.42014***	I（1）
Δgyzj	（c，0，1）	-11.04577***	I（1）

注：c、t和n分别表示截距、趋势和滞后阶数；*、** 和 *** 分别表示 ADF 检验统计值在10%、5%和1%的置信区间内是显著的。

检验结果表明，whcb、r、i、sc 和 gyzj 数据的原序列未通过 ADF 检验，原序列不平稳，但其一阶差分在 1% 的显著性水平下通过了检验，皆为一阶单整序列 I（1）。

2. Johansen 协整检验

外汇储备（whcb）、实际利率（r）、固定资产投资完成额（i）、社会消费品零售总额（sc）和工业增加值增长率（gyzj）都是一阶单整序列 I（1），满足协整检验的条件，对这组变量进行 Johansen 协整检验。

表 6-2 和表 6-3 的检验结果表明，各序列迹统计量协整检验和最大特征值协整检验有一致结论，在 5% 的显著性水平下，变量间存在 3 个协整关系。外汇储备和各变量间建立了长期稳定的均衡关系。

表 6-2　各序列迹统计量协整检验的结果

Included observations：114 after adjustments

Series：whcb r i sc gyzj

Hypothesized No. of CE（s）	Eigenvalue	Trace Statistic	0.05 Critical Value	Prob. **
None *	0.406615	130.6946	69.81889	0
At most 1 *	0.284875	71.19668	47.85613	0.0001
At most 2 *	0.191443	32.97265	29.79707	0.0208
At most 3	0.063815	8.747228	15.49471	0.3893
At most 4	0.01073	1.229783	3.841466	0.2674

Trace test indicates 3 cointegrating eqn（s）at the 0.05 level

* denotes rejection of the hypothesis at the 0.05 level

表 6-3　各序列最大特征值协整检验的结果

Hypothesized No. of CE（s）	Eigenvalue	Max-Eigen Statistic	0.05 Critical Value	Prob. **
None *	0.406615	59.4979	33.87687	0
At most 1 *	0.284875	38.22404	27.58434	0.0015

续表

Hypothesized No. of CE（s）	Eigenvalue	Max-Eigen Statistic	0.05 Critical Value	Prob. **
At most 2*	0.191443	24.22542	21.13162	0.0177
At most 3	0.063815	7.517445	14.2646	0.4299
At most 4	0.01073	1.229783	3.841466	0.2674

Max-eigenvalue test indicates 3 cointegrating eqn（s）at the 0.05 level

* denotes rejection of the hypothesis at the 0.05 level

（三）Granger 因果关系检验

为考察外汇储备（whcb）、实际利率（r）、固定资产投资完成额（i）、社会消费品零售总额（sc）和工业增加值增长率（gyzj）之间的因果关系，对变量采用 Granger 因果检验，结果如表 6-4 所示。

表6-4　Granger 因果关系检验的结果

Pairwise Granger Causality Tests

Sample：2003M02 2012M09

Lags：2

Null Hypothesis：	Obs	F-Statistic	Probability
r does not Granger Cause whcb	114	0.54201	0.58314
whcb does not Granger Cause r		3.04547	0.05164
i does not Granger Cause whcb	114	0.26356	0.7688
whcb does not Granger Cause i		29.3721	6.30E-11
sc does not Granger Cause whcb	114	1.23711	0.29426
whcb does not Granger Cause sc		0.39435	0.67507
gyzj does not Granger Cause whcb	114	1.90894	0.15316
whcb does not Granger Cause gyzj		8.23938	0.00047
i does not Granger Cause r	114	0.19625	0.82209
r does not Granger Cause i		1.24724	0.29136

Pairwise Granger Causality Tests

Sample：2003M02 2012M09

Lags：2

Null Hypothesis：	Obs	F-Statistic	Probability
sc does not Granger Cause r	114	0.2808	0.75572
r does not Granger Cause sc		0.75741	0.47133
gyzj does not Granger Cause r	114	4.10382	0.01913
r does not Granger Cause gyzj		3.17613	0.04564
sc does not Granger Cause i	114	22.8314	5.20E-09
i does not Granger Cause sc		0.07863	0.92443
gyzj does not Granger Cause i	114	1.21433	0.30089
i does not Granger Cause gyzj		1.21397	0.301
gyzj does not Granger Cause sc	114	1.48812	0.23035
sc does not Granger Cause gyzj		5.83202	0.00392

　　由表6-4的Granger因果检验的伴随概率可知，在1%的显著性水平下，外汇储备是固定资产投资完成额和工业增加值增长率变化的Granger原因；外汇储备不是社会消费品零售总额变化的Granger原因；实际利率、固定资产投资完成额、社会消费品零售总额和工业增加值增长率均不是外汇储备变化的Granger原因。外汇储备是实际利率变化的Granger原因的统计指标不显著，说明外汇储备的变化未能引起实际利率的相应变化，这可能与我国利率水平还未实现市场化有很大关系。实际利率不是固定资产投资完成额和社会消费品零售总额变化的Granger原因，这也说明在利率传导机制中由于利率不能随着市场的变化而变化，从而利率不能有效发挥调整投资和消费水平的作用。我国利率市场化水平偏低导致外汇储备变动对利率传导机制的影响作用很有限。但是，在检验结果中，外汇储备是固定资产投资完成额和工业增加值增长率变化的原因，而且统计指标非常显著，这就说明虽然利率传导机制不畅通，外汇储备还是可以通过其他渠道对实际变量投资和总产生显著影响。

（四）脉冲响应分析

本书采用 VAR 模型的脉冲响应函数来分析来自随机误差项上一个标准差的冲击对各内生变量的当期值和未来值所产生的影响。

由图 6-1（f）可知，实际利率（r）对来自外汇储备（whcb）的一个标准差新息冲击，一开始作出最大正向响应，冲击响应值为 0.0053，第 2 期迅速回落至 0.0011，之后又逐渐上升，第 9 期冲击响应值为 0.0035，然后影响缓慢减小。这说明，在我国利率未完全市场化的背景下，外汇储备增加，导致外汇占款增加和货币供给量增加，从而利率水平下降这种变动关系不成立。当外汇储备增加时，对利率造成的影响程度比较低，而且中央银行为冲销市场上的过剩流动性，市场上甚至出现利率上升的现象。由图 6-1（l）可知，固定资产投资完成额（i）对来自实际利率（r）的一个标准差新息冲击，第 1 期有正向响应，正向响应值是 0.0446，第 2 期转变为负向响应，响应值为 -0.0284，之后影响逐渐减小，响应值趋于零，可见，实际利率变动几乎不对固定资产投资完成额产生影响。由图 6-1（q）可知，社会消费品零售总额（sc）对来自实际利率（r）的一个标准差新息冲击，有微弱正向响应，在第 17 期达到其最大值 0.0030，然后反应逐渐减弱。这说明，虽然冲击响应的波动幅度不大，实际利率变动还是能对社会消费品零售总额产生一定影响。由图 6-1（w）和图 6-1（x）可知，工业增加值增长率（gyzj）对来自固定资产投资完成额（i）和社会消费品零售总额（sc）的一个标准差新息冲击没有作出太多响应。由图 6-1（u）可知，对来自外汇储备（whcb）的冲击，工业增加值增长率（gyzj）在第 1 期有负向响应，第 2 期转为正向响应，响应值为 0.5708，之后响应值趋于零。

二、汇率传导途径分析

如果经济体的市场化程度比较高，外汇储备对汇率传导途径的影响是明显的。当外汇储备增加，引起外汇占款和货币供给量扩张时，国内利率水平下

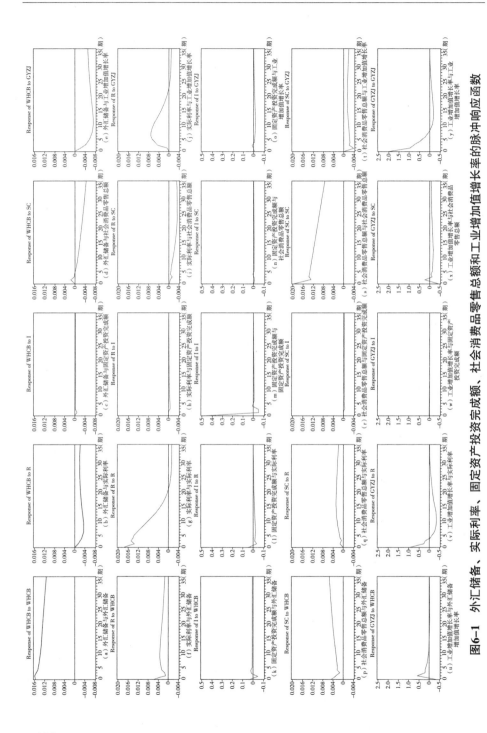

图6-1 外汇储备、实际利率、固定资产投资完成额、社会消费品零售总额和工业增加值增长率的脉冲响应函数

降，本币币值下跌，则在直接标价法下，就表现为汇率值的上升，这时本国产品价格相对低廉而国外产品价格相对昂贵，所以净出口会增加，从而产出水平也会增加。近年来，我国加快改革开放，进行汇率制度改革，推进利率市场化进程，汇率传导机制的功能是否有效发挥，需要用实证方法来对我国外汇储备变动与汇率传导机制之间的关系进行验证。

（一）变量与数据

1. 变量选取

根据汇率传导途径的作用过程，选取外汇储备（whcb）、实际利率（r）、实际汇率（e）、净出口（nx）和工业增加值增长率（gyzj）作为分析变量。

2. 数据说明

样本数据为月度数据，样本期为 2001 年 1 月到 2012 年 9 月，样本容量为 141 个。外汇储备（whcb）数据来自国家外汇管理局，净出口（nx）数据来自国家商务部，两组数据都按中国人民银行公布的汇率平均价折算为亿元人民币。实际利率（r）是由名义利率经通货膨胀率调整后计算得到的。通货膨胀率是由国家统计局公布的 CPI 算出。名义利率是中国银行公布的金融机构人民币一年期存款利率。实际汇率（e）是由名义汇率经通货膨胀率调整后计算得到的。名义汇率来自中国人民银行。工业增加值增长率（gyzj）来自国家统计局。外汇储备和净出口的数据采用 X-12 法进行季节调整，以 2001 年 1 月为 100 用 CPI 进行了平减以剔除物价变动影响，最后为了避免异方差性做了对数处理。

（二）数据检验

1. 单位根检验

对外汇储备（whcb）、实际利率（r）、实际汇率（e）、净出口（nx）和工业增加值增长率（gyzj）的原序列和差分序列进行单位根检验（ADF）。

表 6-5 的检验结果表明，whcb 、r、e、nx 和 gyzj 数据的原序列未通过

ADF 检验，原序列不平稳，但其一阶差分在 5% 的显著性水平下通过了检验，都是一阶单整序列 I（1）。

表 6-5　各序列单位根检验

变量	检验形式（c，t，n）	ADF 检验统计量	结论
Δwhcb	（c，t，1）	-10. 45836 ***	I（1）
Δr	（c，0，1）	-13. 20661 ***	I（1）
Δe	（c，0，3）	-3. 225803 ***	I（1）
Δnx	（0，0，1）	-13. 66549 ***	I（1）
Δgyzj	（c，0，1）	-13. 42836 ***	I（1）

注：c、t 和 n 分别表示截距、趋势和滞后阶数；*、** 和 *** 分别表示 ADF 检验统计值在 10%、5% 和 1% 的置信区间内是显著的。

2. Johansen 协整检验

按照协整理论的观点，如果两个或两个以上同阶非平稳序列之间存在协整关系，则一个变量的变化会引起其他变量的变化。对外汇储备（whcb）、实际利率（r）、实际汇率（e）、净出口（nx）和工业增加值增长率（gyzj）进行 Johansen 协整检验，以考察外汇储备的变动对汇率传导机制中其他变量的影响。

表 6-6 和表 6-7 的检验结果表明，各序列迹统计量协整检验和最大特征值协整检验一致认为在 5% 的显著性水平下，变量间存在 5 个协整关系。外汇储备与汇率传导机制中的各变量之间存在长期稳定的均衡关系。

表 6-6　各序列迹统计量协整检验的结果

None*	0. 297806	139. 7923	69. 81889	0
At most 1*	0. 232392	90. 64946	47. 85613	0
At most 2*	0. 181497	53. 88723	29. 79707	0
At most 3*	0. 128996	26. 04852	15. 49471	0. 0009
At most 4*	0. 048095	6. 851379	3. 841466	0. 0089

Trace test indicates 5 cointegrating eqn（s）at the 0. 05 level

* denotes rejection of the hypothesis at the 0. 05 level

表 6-7　各序列最大特征值协整检验的结果

Hypothesized No. of CE（s）	Eigenvalue	Max-Eigen Statistic	0.05 Critical Value	Prob. **
None *	0.297806	49.14284	33.87687	0.0004
At most 1 *	0.232392	36.76223	27.58434	0.0025
At most 2 *	0.181497	27.83871	21.13162	0.0049
At most 3 *	0.128996	19.19714	14.2646	0.0077
At most 4 *	0.048095	6.851379	3.841466	0.0089

Max-eigenvalue test indicates 5 cointegrating eqn（s）at the 0.05 level

* denotes rejection of the hypothesis at the 0.05 level

（三）Granger 因果关系检验

对外汇储备（whcb）、实际利率（r）、实际汇率（e）、净出口（nx）和工业增加值增长率（gyzj）进行 Granger 检验，辨析变量间的因果关系。

由表 6-8 可知，在 1% 的显著性水平下，外汇储备是实际利率、实际汇率、净出口和工业增加值增长率变化的 Granger 原因。在汇率传导机制的作用过程中，外汇储备的变化能够影响其他经济指标的水平。实际汇率的变化也能够引起外汇储备的变化，两个变量之间存在双向的 Granger 因果关系。实际汇率和实际利率之间也是双向的 Granger 因果关系。实际汇率的变动能够导致净出口水平的改变，是净出口变化的 Granger 原因。净出口对工业增加值增长率没有显著影响，不是工业增加值增长率变化的 Granger 原因，这个分析结果与范立夫（2010）的观点一致，其认为净出口对我国经济增长的贡献度较小。之所以净出口对我国产出增长的拉动作用不明显，主要是因为我国的净出口增长依赖于加工贸易，而这种粗放式的出口增长方式对于推动我国经济长期增长的作用是难以持续的。

表 6-8　Granger 因果关系检验的结果

Pairwise Granger Causality Tests

Sample：2001M01 2012M09

Lags：2

Null Hypothesis：	Obs	F-Statistic	Probability
r does not Granger Cause whcb	139	1. 00413	0. 3691
whcb does not Granger Cause r		3. 95554	0. 02143
e does not Granger Cause whcb	139	3. 20427	0. 04372
whcb does not Granger Cause e		7. 99445	0. 00052
nx does not Granger Cause whcb	139	0. 47062	0. 62564
whcb does not Granger Cause nx		9. 40954	0. 00015
gyzj does not Granger Cause whcb	139	1. 9573	0. 14526
whcb does not Granger Cause gyzj		7. 18341	0. 00109
e does not Granger Cause r	139	13. 848	3. 40E-06
r does not Granger Cause e		23. 1377	2. 30E-09
nx does not Granger Cause r	139	0. 82695	0. 4396
r does not Granger Cause nx		3. 35455	0. 03788
gyzj does not Granger Cause r	139	7. 04249	0. 00124
r does not Granger Cause gyzj		2. 79734	0. 06454
nx does not Granger Cause e	139	2. 69604	0. 07113
e does not Granger Cause nx		4. 98232	0. 00818
gyzj does not Granger Cause e	139	7. 81001	0. 00062
e does not Granger Cause gyzj		2. 29773	0. 10443
gyzj does not Granger Cause nx	139	0. 04903	0. 95217
nx does not Granger Cause gyzj		0. 27597	0. 75926

（四）脉冲响应分析

用脉冲响应函数分析随机扰动项一个标准差大小的冲击对汇率传导机制中各变量的影响。

在图 6-2（f）中，实际利率（r）对外汇储备（whcb）冲击表现出低幅

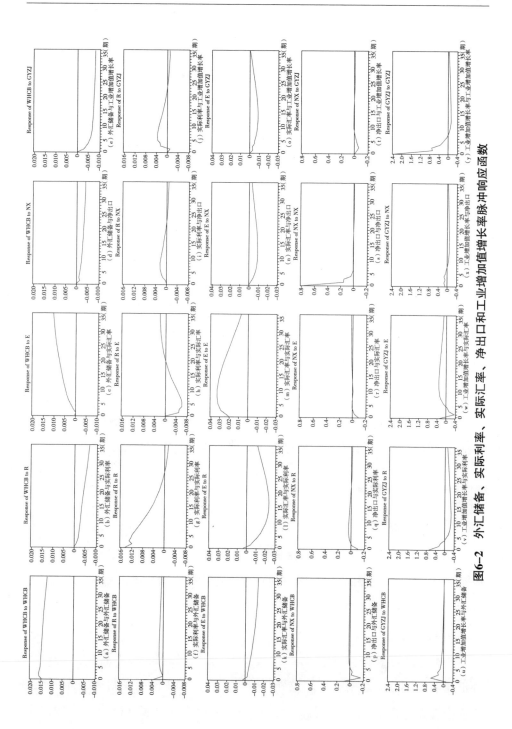

图6-2 外汇储备、实际利率、实际汇率、净出口和工业增加值增长率脉冲响应函数

度的正向响应，这与外汇储备增长经连锁反应后会导致实际利率下降的理论分析是不符的，主要还是由于我国未实现利率市场化。在图 6-2（k）中，实际汇率（e）对来自外汇储备（whcb）的一个标准差新息冲击具有越来越显著的负向响应，这与理论分析中外汇储备增长会引致汇率值上升（在直接标价法下）的观点不符。在汇率传导机制中，外汇储备主要是通过改变利率水平来影响汇率水平，进而影响净出口和产出。利率变化受限制，所以也就导致了我国汇率水平的变化有悖理论。在图 6-2（r）中，净出口（nx）对来自实际汇率（e）的一个标准差新息冲击第 1 期的冲击响应值为 -0.0965，之后逐渐上升为正向响应。在图 6-2（x）中，工业增加值增长率（gyzj）对净出口（nx）一开始表现为正向响应，第 2 期达到最大值 0.1355，小幅波动后，逐渐转变为负向响应，响应值接近于零，表明净出口的变动没有对产出增长产生明显的拉动作用，这与 Granger 因果关系检验的结论一致。

三、信贷传导途径分析

外汇储备增加，基础货币的被动投放使金融机构准备金增加，可供贷款的资金数量相应增长，进一步刺激投资和消费，使国内生产扩张。

（一）变量与数据

1. 变量选取

选取外汇储备（whcb）、金融机构人民币贷款总额（1）、固定资产投资完成额（i）、社会消费品零售总额（sc）和工业增加值增长率（gyzj）这五个变量进行定量分析。

2. 数据说明

样本数据为 2003 年 2 月至 2012 年 9 月的月度数据，样本容量为 116 个。外汇储备（whcb）数据来自国家外汇管理局，并按中国人民银行公布的汇率平均价折算为亿元人民币单位。金融机构人民币贷款总额（1）来自中国人民银行。固定资产投资完成额（i）和社会消费品零售总额（sc）来自国家统计局。工业增加值增长率（gyzj）来自国家统计局。外汇储备、金融机构人民币贷款总额、固定资产投资完成额和社会消费品零售总额的数据采用 X-12 法进行季节调整，以 2003 年 2 月为 100 用 CPI 进行了平减以剔除物价变动影响，最后为了避免数据波动做了对数处理。

（二）数据检验

1. 单位根检验

样本期为 2003 年 2 月至 2012 年 9 月的外汇储备、固定资产投资完成额、社会消费品零售总额和工业增加值增长率已在前文中做过单位根检验（ADF），均为一阶单整序列 I（1），现只需对金融机构人民币贷款总额（1）进行单位根检验，结果如表 6-9 所示。

表 6-9　各序列单位根检验

变量	检验形式（c, t, n）	ADF 检验统计量	结论
Δwhcb	(c, t, 1)	-10.1913 ***	I（1）
Δi	(c, 0, 2)	-14.26343 ***	I（1）
Δsc	(c, 0, 2)	-11.42014 ***	I（1）
Δgyzj	(c, 0, 1)	-11.04577 ***	I（1）
Δl	(c, t, 0)	-7.707753 ***	I（1）

注：c、t 和 n 分别表示截距、趋势和滞后阶数；*、** 和 *** 分别表示 ADF 检验统计值在 10%、5% 和 1% 的置信区间内是显著的。

表 6-9 表明，金融机构人民币贷款总额（1）与外汇储备（whcb）、固定资产投资完成额（i）、社会消费品零售总额（sc）和工业增加值增长率（gy-zj）一样，均为一阶单整序列 I（1）。

2. Johansen 协整检验

为判断变量间是否存在长期稳定的均衡关系，对外汇储备（whcb）、金融机构人民币贷款总额（l）、固定资产投资完成额（i）、社会消费品零售总额（sc）和工业增加值增长率（gyzj）进行 Johansen 协整检验，结果如表 6-10 和表 6-11 所示。

表 6-10　各序列迹统计量协整检验的结果

Included observations：114 after adjustments

Series：whcb l i sc gyzj

Hypothesized No. of CE（s）	Eigenvalue	Trace Statistic	0.05 Critical Value	Prob.**
None*	0.414107	141.286	69.81889	0
At most 1*	0.282052	80.33957	47.85613	0
At most 2*	0.20166	42.56478	29.79707	0.001
At most 3*	0.131813	16.88963	15.49471	0.0306
At most 4	0.006783	0.775953	3.841466	0.3784

Trace test indicates 4 cointegrating eqn（s）at the 0.05 level

* denotes rejection of the hypothesis at the 0.05 level

表 6-11　各序列最大特征值协整检验的结果

Hypothesized No. of CE（s）	Eigenvalue	Max-Eigen Statistic	0.05 Critical Value	Prob.**
None*	0.414107	60.94639	33.87687	0
At most 1*	0.282052	37.77479	27.58434	0.0018
At most 2*	0.20166	25.67515	21.13162	0.0107
At most 3*	0.131813	16.11368	14.2646	0.0252
At most 4	0.006783	0.775953	3.841466	0.3784

Max-eigenvalue test indicates 4 cointegrating eqn（s）at the 0.05 level

* denotes rejection of the hypothesis at the 0.05 level

　　表 6-10 和表 6-11 的各序列迹统计量及最大特征值都一致表明在 5% 的显

著性水平下，外汇储备和信贷传导机制中各变量之间存在 4 个协整关系。

（三）Granger 因果关系检验

下面，将用 Granger 因果检验法对外汇储备（whcb）、金融机构人民币贷款总额（1）、固定资产投资完成额（i）、社会消费品零售总额（sc）和工业增加值增长率（gyzj）之间的因果关系进行分析。

表 6-12 的检验结果显示，外汇储备不是金融机构人民币贷款总额变化的 Granger 原因，外汇储备变动不能显著影响我国金融机构的贷款水平。在 5% 的显著性水平下，金融机构人民币贷款总额是固定资产投资完成额变化的 Granger 原因，不是社会消费品零售总额变化的 Granger 原因。固定资产投资完成额不是工业增加值增长率变化的 Granger 原因，而社会消费品零售总额变化是工业增加值增长率变化的 Granger 原因。外汇储备变动不能拉动我国可供贷款数量，对信贷传导途径的影响有限。金融机构人民币贷款总额的变动只对固定资产投资有影响，而对社会消费品零售总额无显著影响，我国信贷传导渠道是受阻的。

表 6-12 Granger 因果关系检验的结果

Pairwise Granger Causality Tests			
Sample：2003M02 2012M09			
Lags：2			
Null Hypothesis：	Obs	F-Statistic	Probability
l does not Granger Cause whcb	114	0.44476	0.64214
whcb does not Granger Cause l		1.07791	0.34391
i does not Granger Cause whcb	114	0.26356	0.7688
whcb does not Granger Cause i		29.3721	6.30E-11
sc does not Granger Cause whcb	114	1.23711	0.29426
whcb does not Granger Cause sc		0.39435	0.67507
gyzj does not Granger Cause whcb	114	1.90894	0.15316
whcb does not Granger Cause gyzj		8.23938	0.00047

Pairwise Granger Causality Tests

Sample：2003M02 2012M09

Lags：2

Null Hypothesis：	Obs	F-Statistic	Probability
i does not Granger Cause l	114	0.05031	0.95096
l does not Granger Cause i		19.4109	6.20E-08
sc does not Granger Cause l	114	1.78087	0.17336
l does not Granger Cause sc		0.17146	0.84266
gyzj does not Granger Cause l	114	10.8689	5.00E-05
l does not Granger Cause gyzj		5.15248	0.00728
sc does not Granger Cause i	114	22.8314	5.20E-09
i does not Granger Cause sc		0.07863	0.92443
gyzj does not Granger Cause i	114	1.21433	0.30089
i does not Granger Cause gyzj		1.21397	0.301
gyzj does not Granger Cause sc	114	1.48812	0.23035
sc does not Granger Cause gyzj		5.83202	0.00392

（四）脉冲响应分析

运用脉冲响应函数来考察扰动项的一个标准差大小冲击对各变量造成的影响。

从图6-3可以看到，金融机构人民币贷款总额（l）对外汇储备（whcb）冲击，响应不显著，响应值围绕0度线波动。固定资产投资完成额（i）对金融机构人民币贷款总额（l）冲击的响应非常微弱，而社会消费品零售总额（sc）对金融机构人民币贷款总额（l）冲击产生持续的正向响应，在第8期达到最大响应值0.0063，然后逐渐减弱。工业增加值增长率（gyzj）对来自外汇储备（whcb）冲击的冲击，先是产生负向响应，第1期响应值为-0.3340，第2期达到最大值0.6076，然后影响逐渐减小。工业增加值增长率（gyzj）对固定资产投资完成额（i）的冲击几乎未作出响应，对社会消费品零售总额（sc）

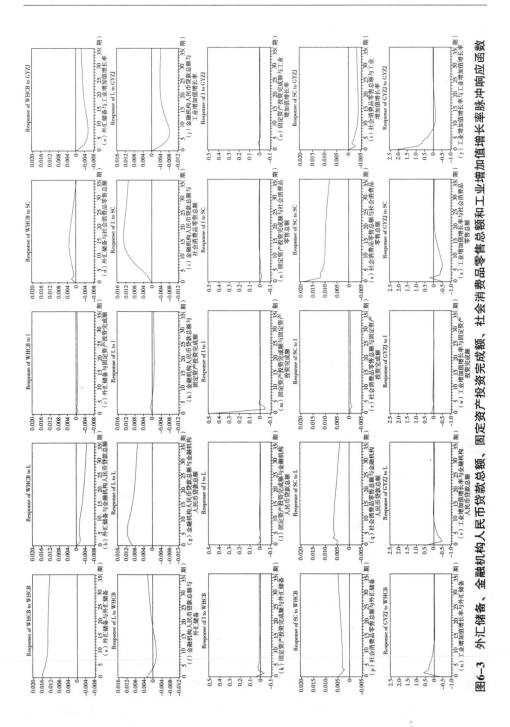

图6-3 外汇储备、金融机构人民币贷款总额、固定资产投资完成额、社会消费品零售总额和工业增加值增长率脉冲响应函数

冲击，先为负向响应，第 2 期转变为正向响应，响应值为 0.2060，之后又转为负向响应，第 6 期响应值为 −0.4965，然后反应开始减弱。

四、分析结论

根据外汇储备对利率传导途径的实证分析，表明在我国利率市场化程度较低的情况下，外汇储备增加，导致外汇占款增加和货币供给量增加，从而导致利率水平下降这种变动关系不成立。实际利率变动对社会消费品零售总额能产生一定影响，但对固定资产投资完成额几乎没有影响。工业增加值增长率（gyzj）对来自固定资产投资完成额（i）和社会消费品零售总额（sc）的一个标准差新息冲击缺乏积极响应。

根据外汇储备对汇率传导途径的实证分析，同样表明外汇储备增长经连锁反应后会导致实际利率下降的理论分析在我国不成立，主要还是由于我国未实现利率市场化。在汇率传导机制中，外汇储备主要是通过改变利率水平来影响汇率水平，进而影响净出口和产出。利率变化受限制，所以也就导致了我国汇率水平不能作出相应变化，引致汇率传导渠道不畅通，净出口的变动不能对产出增长产生明显的拉动作用。

根据外汇储备对信贷传导途径的实证分析，表明外汇储备变动不能显著拉动我国可供贷款数量。金融机构人民币贷款总额的变动对固定资产投资和社会消费品零售总额的影响不明显，我国信贷传导渠道是受阻的。

第三节 本章小结

本章首先介绍了利率传导途径、其他资产价格途径、信用传导途径的基本理论和传导机理。然后结合我国外汇储备变化的实际情况，采用 2000 年以来的相关月度数据，分别定量分析了外汇储备对利率传导渠道、汇率传导渠道和信贷传导渠道影响状况，以探究外汇储备变动对我国货币政策有效性的影响。

外汇储备对利率传导途径的影响主要表现为当外汇储备增加时，外汇占款增加，从而导致货币供给量增加。货币供给量的扩张导致利率水平下降，从而导致投资增加、消费增加，最终导致国内收入和产出增加。外汇储备对汇率传导途径的影响主要表现为当外汇储备增加，引起外汇占款和货币供给量扩张时，国内利率水平下降，本币币值下跌，在直接标价法下，就表现为汇率值的上升，这时本国产品价格相对低廉而国外产品价格相对昂贵，所以净出口会增加，从而产出水平也会增加。外汇储备对信贷传导途径的影响主要表现为外汇储备增加，基础货币的被动投放使金融机构准备金增加，可供贷款的资金数量相应增长，进一步刺激投资和消费，使国内生产扩张。经实证分析，由于我国利率市场化水平较低，导致我国外汇储备变动对利率传导机制和汇率传导机制的影响作用受限。外汇储备变动不能显著影响我国可供贷款数量，所以外汇储备变动对信贷传导机制的影响作用同样受限。

第七章 开放条件下我国通货膨胀研究

1995 年颁布的《中华人民共和国中国人民银行法》明确指出，"货币政策的目标是保持货币币值的稳定，并以此促进经济的增长"。保持货币币值的稳定，对内指的就是保持物价总水平的稳定。货币政策有效与否，还需要考察最终目标中稳定物价水平的实现程度。中国巨额的经常账户顺差以及资本和金融账户顺差所积聚的巨大外汇储备数量，容易造成物价水平变动，与稳定物价总水平的目标产生冲突。

第一节 基于中央银行资产负债表的分析

如前文所述，根据我国中央银行资产负债表，有等式：

$$MB = NFA + NDA \tag{7-1}$$

根据式（7-1），基础货币（MB）是由净国外资产（NFA）和净国内资产（NDA）构成的。也就是说，我国基础货币的投放渠道只有净国外资产和净国内资产这两条。并且，从表 4-1 可知，净国外资产（NFA）中的主要成分就是外汇（Foreign Exchange）、货币黄金（Monetary Gold）和其他国外资产（Other Foreign Assets）。2014 年以前，我国外汇储备呈现大幅上升的趋势，在基础货币投放中起主导作用的因素就是外汇储备，从而外汇占款在基础货币投放中占据重要地位。我国外汇占款在基础货币中占有绝对比重，2001 年，我国外汇占款与基础货币的比例达到 52.58%，外汇占款成为基础货币投放的主要方式。此后，外汇占款在基础货币中的比重越来越大。2005 年，外汇占款与基础货币的比例上升至 110.84%，2006 年上升至 127.56%。该比例值最大的年份是 2009 年，达到 134.12%。图 7-1 表明了外汇储备是如何导致通货膨胀的。如图 7-1 所示，我国外汇储备增加，引致外汇占款和基础货币的增加，最终表现为货币供给量的增加。而且，在货币乘数的作用下，货币供给量是以基础货币量为基础成倍扩张的。当货币供给量超过货币需求量时，就容易造成物价上涨，形成通货膨胀。

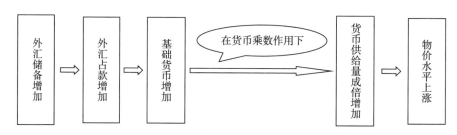

图 7-1　外汇储备对物价水平的影响

第二节　基于 Fisher 方程式的分析

美国经济学家 Irving Fisher 在 1911 年出版的《货币购买力》一书中提出交易方程式：

$$P_0 = M_0 V_0 / Y_0 \tag{7-2}$$

其中，P_0 代表 t_0 时刻的物价水平；M_0 代表 t_0 时刻的流通中货币数量；V_0 代表 t_0 时刻的货币流通速度；Y_0 代表 t_0 时刻的社会总产出。

由式（7-2）可以看出，影响物价水平的因素主要有流通中的货币数量、货币流通速度和社会总产出水平。再进一步分析，假设在 t_1 时刻国际收支余额为 $\Delta whcb_1$，那么中央银行所持有的外汇储备 $whcb_1$ 应为 t_0 时刻的外汇储备 $whcb_0$ 与 $\Delta whcb_1$ 的总和，即为：

$$whcb_1 = whcb_0 + \Delta whcb_1 \tag{7-3}$$

如果 t_1 时刻的名义汇率为 E_1，货币乘数为 k_1，则被动增加的货币供给量为 $k_1 E_1 \Delta whcb_1$。在中央银行进行冲销干预之后，假设新增外汇占款按照比率 ω 进入市场，那么外汇占款数量应为 $\omega k_1 E_1 \Delta whcb_1$。设 t_1 时刻的物价水平变动量为 ΔP_1，则根据 Fisher 方程，有：

$$P_0 + \Delta P_1 = (M_0 + \omega k_1 E_1 \Delta whcb_1) V_1 / Y_1 \tag{7-4}$$

假设货币流动速度不变，社会总产出不变，即 $V_0 = V_1$，$Y_0 = Y_1$，则有：

$$P_0 + \Delta P_1 = (M_0 + \omega k_1 E_1 \Delta whcb_1) V_0 / Y_0 \tag{7-5}$$

可得到：

$$\Delta P_1 = (\omega k_1 E_1 \Delta whcb_1) V_0 / Y_0 \tag{7-6}$$

式（7-6）表明，当 $\Delta whcb_1 > 0$ 时，$\Delta P_1 > 0$，也就是国际收支顺差即外汇储备增加时，会导致物价水平上涨，容易引致通货膨胀。

第三节 基于国际收支货币分析法的分析

国际收支的货币分析法主要是根据 Harry G. Johnson（1972）和 Jocob A. Frenkel（1974）等的理论发展起来的。该理论有三大假设前提：第一，价格水平短期内具有伸缩性，经济能够保持在充分就业的均衡状态；第二，一国的实际货币需求是收入和利率等变量的函数；第三，国内产品价格和利率是外生变量，由世界市场决定。在剔除汇率因素后，不同国家的产品价格是一致的。

根据上述假定，货币分析法的基本理论可表述为：

$$M_d = M_s \tag{7-7}$$

其中，M_d 代表名义货币需求量，M_s 代表名义货币供给量。

货币需求函数的表达式为：

$$M_d = mPY \tag{7-8}$$

其中，m 代表常数，P 代表国内物价水平，Y 代表国民收入。

货币供给函数的表达式为：

$$M_s = k(L + whcb) \tag{7-9}$$

其中，k 代表货币乘数，L 代表中央银行的国内信贷或国内资产，whcb 代表外汇储备。

将式（7-8）和式（7-9）代入式（7-7），得：

$$mPY = k(L + whcb) \tag{7-10}$$

整理得：

$$P = \frac{k(L + whcb)}{mY} \tag{7-11}$$

从式（7-11）可以看出，国内物价水平是国内信贷、外汇储备和国民收入的函数。在开放经济体中，固定汇率制下，外汇储备增加，导致基础货币增加，在货币乘数效应下，货币供给量成倍扩张，进而造成物价水平的上涨，引发通货膨胀。

第四节　开放经济因素对通货膨胀影响的实证分析

一、模型选择、变量选择与数据说明

（一）模型选择

向量自回归（VAR）是基于数据的统计性质建立模型，把系统中的每一个内生变量作为系统中所有内生变量的滞后值的函数来构造模型，从而将单变量自回归模型推广到由多元时间序列变量组成的向量自回归模型①。采用如下 q 阶向量自回归模型（VAR）：

$$Y_t = A_1 Y_{t-1} + \cdots + A_q Y_{t-q} + \varepsilon_t \tag{7-12}$$

其中，Y_t 为 k 维内生变量列向量；q 为滞后阶数；A_q 为 k×k 维待估计的系数矩阵；ε_t 为 k 维扰动列向量。

（二）变量选择

在考察 k 开放经济因素对通货膨胀的影响的问题上，选取外汇储备（whcb）、居民消费价格指数（CPI）、工业生产者出厂价格指数（PPI）和企业商品价格指数（CGPI）作为分析变量。

（三）数据说明

样本数据为月度数据，样本期为 2000 年 1 月到 2021 年 7 月，样本容量为 259 个。外汇储备（whcb）数据来自国家外汇管理局，按中国人民银行公布的汇率平均价折算为亿元人民币。居民消费价格指数（CPI）和工业生产者出厂价格指数（PPI）来自国家统计局。企业商品价格指数（CGPI）来自中国人民银行。外汇储备、居民消费价格指数、工业生产者出厂价格指数和企业商品价格指数的数据均采用 X-12 法进行季节调整，并对季节调整后的序列做了对数处理以避免异方差现象。取对数后各变量分别表示为 lnwhcb、lnCPI、lnPPI 和 lnCGPI。

二、计量分析

（一）单位根检验

进行向量自回归分析要求变量是平稳的。为检验各序列的平稳性，采用单位根检验（ADF）方法进行检验。检验结果如表 7-1 所示。

---

① 高铁梅．计量经济分析方法与建模［M］．北京：清华大学出版社，2009：267.

表 7-1　各序列单位根检验

变量	检验形式（c，t，n）	ADF 检验统计量	结论
lnwhcb	（c，0，0）	−9.19543 ***	I（0）
lnCPI	（c，0，12）	−2.994458 **	I（0）
lnPPI	（c，0，1）	−4.701497 ***	I（0）
lnCGPI	（c，0，1）	−4.035571 ***	I（0）

注：c、t 和 n 分别表示截距、趋势和滞后阶数；*、** 和 *** 分别表示 ADF 检验统计值在 10%、5% 和 1% 的置信区间内是显著的。

从表 7-1 的检验结果来看，lnwhcb、lnCPI、lnPPI 和 lnCGPI 的原序列在 5% 的显著性水平下都通过了 ADF 检验，序列平稳，均为 0 阶单整序列 I（0），可以进行协整分析。

（二）模型滞后阶数的确定

滞后阶数的确定是构建 VAR 模型的重要问题。在确定滞后阶数过程中，一方面要考虑有足够大的滞后阶数以反映模型动态特征，另一方面又需要控制滞后阶数以保证模型的自由度。为恰当选择滞后阶数，用多准则联合确定法来决定合理的滞后阶数。

由表 7-2 可知，按照最终预测误差（FPE）、赤池准则（AIC）、施瓦茨准则（SC）和汉南奎因信息准则（HQ），模型的滞后阶数为 2。按照极大似然比（LR），模型的滞后阶数为 3。最终，确定选择模型的滞后阶数为 2。

表 7-2　VAR 滞后阶数确定结果

Sample：2000M01 2021M07

Included observations：251

Lag	LogL	LR	FPE	AIC	SC	HQ
0	1543.13	NA	5.55E−11	−12.26398	−12.2078	−12.24137
1	3556.278	3946.092	6.80E−18	−28.17752	−27.8966	−28.06447

续表

Sample：2000M01 2021M07

Included observations：251

Lag	LogL	LR	FPE	AIC	SC	HQ
2	3708.27	293.0835	2.30E−18*	−29.26111*	−28.75547*	−29.05763*
3	3723.816	29.48169*	2.31E−18	−29.2575	−28.52712	−28.96358
4	3733.583	18.21074	2.43E−18	−29.20783	−28.25273	−28.82347
5	3744.811	20.57718	2.53E−18	−29.16981	−27.98997	−28.69501
6	3753.014	14.77262	2.69E−18	−29.10768	−27.70312	−28.54245
7	3767.424	25.49004	2.73E−18	−29.09501	−27.46572	−28.43934
8	3780.349	22.45054	2.80E−18	−29.07051	−27.21648	−28.3244

* indicates lag order selected by the criterion

LR：sequential modified LR test statistic（each test at 5% level）

FPE：Final prediction error

AIC：Akaike information criterion

SC：Schwarz information criterion

HQ：Hannan-Quinn information criterion

（三）Johansen 协整检验

如果一组非平稳的时间序列存在一个平稳的线性组合，也就是该时间序列组不具有随机趋势，那么这个线性组合就存在协整关系。协整关系表明变量间存在一种长期的均衡稳定关系，可以通过一个变量来影响另一个变量的变化。前面分析已证明 lnwhcb、lnCPI、lnPPI 和 lnCGPI 变量都是 0 阶单整序列 I（0），符合协整分析的前提条件。现用 Johansen 协整检验中的特征根迹检验（trace检验）和最大特征值检验进行协整分析。因为 VAR 模型的最大滞后阶数为 2，故协整检验的滞后阶数为 2−1，选择 1 阶。检验结果如表 7−3 和表 7−4 所示。

表7-3 特征根迹统计量协整检验的结果

Included observations: 257 after adjustments

Series: lnwhcb lnCPI lnPPI lnCGPI

Hypothesized No. of CE（s）	Eigenvalue	Trace Statistic	0.05 Critical Value	Prob. **
None*	0.160516	90.05013	47.85613	0
At most 1*	0.087052	45.08342	29.79707	0.0004
At most 2*	0.054839	21.67666	15.49471	0.0051
At most 3*	0.027558	7.181791	3.841466	0.0074

Trace test indicates 4 cointegrating eqn（s）at the 0.05 level

* denotes rejection of the hypothesis at the 0.05 level

** MacKinnon-Haug-Michelis（1999）p-values

表7-4 最大特征值协整检验的结果

Hypothesized No. of CE（s）	Eigenvalue	Max-Eigen Statistic	0.05 Critical Value	Prob. **
None*	0.160516	44.96671	27.58434	0.0001
At most 1*	0.087052	23.40676	21.13162	0.0235
At most 2*	0.054839	14.49487	14.2646	0.046
At most 3*	0.027558	7.181791	3.841466	0.0074

Max-eigenvalue test indicates 4 cointegrating eqn（s）at the 0.05 level

* denotes rejection of the hypothesis at the 0.05 level

** MacKinnon-Haug-Michelis（1999）p-values

表7-3迹检验表明在5%的显著性水平下，存在4个协整关系。表7-4最大特征值检验也表明在5%的显著性水平下，存在4个协整关系。无论是迹检验还是最大特征值检验都表明存在4个协整关系，因此外汇储备、居民消费价格指数、工业生产者价格指数和企业商品价格指数存在长期均衡关系。

（四）Granger 因果关系检验

为进一步验证外汇储备（whcb）和居民消费价格指数（CPI）、工业生产者出厂价格指数（PPI）和企业商品价格指数（CGPI）之间的因果关系，现用 Granger 因果关系检验法对变量进行分析，结果如表7-5 所示。

表 7-5　Granger 因果关系检验的结果

Pairwise Granger Causality Tests			
Sample：2000M01 2021M07			
Lags：2			
Null Hypothesis：	Obs	F-Statistic	Probability
lnCPI does not Granger Cause lnwhcb	257	1.49345	0.22658
lnwhcb does not Granger Cause lnCPI		3.28631	0.039
lnPPI does not Granger Cause lnwhcb	257	0.89185	0.41119
lnwhcb does not Granger Cause lnPPI		3.63656	0.02773
lnCGPI does not Granger Cause lnwhcb	257	2.60124	0.07617
lnwhcb does not Granger Cause lnCGPI		4.51579	0.01183
lnPPI does not Granger Cause lnCPI	257	6.08259	0.00263
lnCPI does not Granger Cause lnPPI		2.64419	0.07303
lnCGPI does not Granger Cause lnCPI	257	15.7565	3.60E-07
lnCPI does not Granger Cause lnCGPI		4.8569	0.00852
lnCGPI does not Granger Cause lnPPI	257	23.7606	3.50E-10
lnPPI does not Granger Cause lnCGPI		1.47089	0.23169

根据检验结果，在5%的显著性水平下外汇储备（whcb）和居民消费价格指数（CPI）、工业生产者出厂价格指数（PPI）和企业商品价格指数（CGPI）变化之间存在单向因果关系，外汇储备（whcb）是居民消费价格指数（CPI）、工业生产者出厂价格指数（PPI）和企业商品价格指数（CGPI）变化的 Granger 原因，但居民消费价格指数（CPI）、工业生产者出厂价格指数（PPI）和企业商品价格指数（CGPI）不是外汇储备（whcb）变化的 Granger 原因。

（五） VAR 模型、脉冲响应和方差分解

1. VAR 模型

VAR 模型的估计结果为：

$lnwhcb = 1.356868878 \times lnwhcb(-1) - 0.3630009905 \times lnwhcb(-2) - 0.171435042 \times lnCPI(-1) + 0.125493178 \times lnCPI(-2) - 0.112764134 \times lnPPI(-1) - 0.04461594677 \times lnPPI(-2) + 0.04381756866 \times lnCGPI(-1) + 0.1443866583 \times lnCGPI(-2) + 0.147917274$ （7-13）

$lnCPI = 0.05060920208 \times lnwhcb(-1) - 0.04988336857 \times lnwhcb(-2) + 0.7727333899 \times lnCPI(-1) + 0.1515086572 \times lnCPI(-2) - 0.156972413 \times lnPPI(-1) + 0.1238402063 \times lnPPI(-2) + 0.3664324868 \times lnCGPI(-1) - 0.3190777913 \times lnCGPI(-2) + 0.2758211131$ （7-14）

$lnPPI = 0.04400238731 \times lnwhcb(-1) - 0.04366343608 \times lnwhcb(-2) - 0.07832399993 \times lnCPI(-1) + 0.0533668389 \times lnCPI(-2) + 1.305734453 \times lnPPI(-1) - 0.4001585246 \times lnPPI(-2) + 0.4688743491 \times lnCGPI(-1) - 0.4042893051 \times lnCGPI(-2) + 0.2488569487$ （7-15）

$lnCGPI = 0.0796225213 \times lnwhcb(-1) - 0.07892182647 \times lnwhcb(-2) - 0.2642402431 \times lnCPI(-1) + 0.2026770392 \times lnCPI(-2) - 0.04582203303 \times lnPPI(-1) - 0.01097446715 \times lnPPI(-2) + 1.765900546 \times lnCGPI(-1) - 0.7410549858 \times lnCGPI(-2) + 0.4235322418$ （7-16）

完成 VAR 模型的估计后，还需要进行模型的平稳性检验。模型稳定是模型实用性和进一步分析的前提，稳定的 VAR 模型是脉冲响应函数有效性的保证。如果被估计的 VAR 模型所有特征根倒数的模小于 1，即位于单位圆内，则 VAR 模型是稳定的；否则，模型不稳定，某些结果如脉冲响应函数的标准差将无效。由图 7-2 可看到，所有特征根倒数的模都小于 1，位于单位圆内，所估计的 VAR （2） 的模型是稳定的。

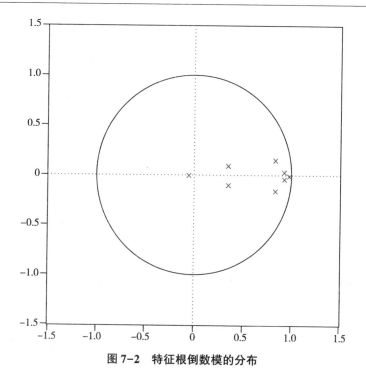

图7-2　特征根倒数模的分布

2. 脉冲响应分析

运用 VAR 模型的脉冲响应函数分析来自随机误差项上一个标准差的冲击对各内生变量的当期值和未来值所产生的影响。图 7-3 列出了 VAR 模型中外汇储备冲击引起 CPI、PPI 和 CGPI 的响应函数。

从图 7-3（b）中可以看出，居民消费价格指数（CPI）对来自外汇储备的一个标准差新息冲击作出正向响应。在第 2 期略微下降后，响应值逐渐增大，在第 6 期达到最大，响应值为 0.0014。在此之后，响应值开始下降，但居民消费价格指数（CPI）的这种正向响应一直持续到第 36 期。

从图 7-3（c）可以看出，工业生产者价格指数（PPI）对来自外汇储备的一个标准差新息冲击，第 1 期作出负向响应，响应值为 -0.0002，从第 2 期开始作出正向响应，响应值为 0.0002，在第 8 期达到最大，响应值为 0.0026。工业生产者价格指数（PPI）的正向响应一直持续到第 17 期。

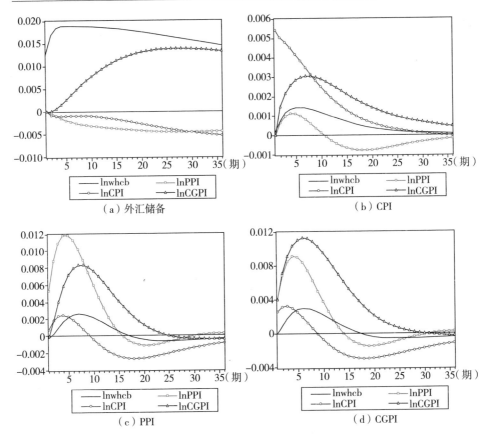

图7-3 VAR模型中外汇储备、CPI、PPI和CGPI的脉冲响应函数

从图7-3（d）可以看出，企业商品价格指数（CGPI）对来自外汇储备的一个标准差新息冲击刚开始呈现负向响应，第2期作出正向响应，在第6期达到最大响应值0.003，这种正向响应一直持续到第17期才逐渐转变为负。

3. 方差分解

现用方差分解来分析外汇储备和各价格指数对预测方差的贡献度，结果如图7-4所示。

从图7-4可以看出，居民消费价格指数（CPI）、工业生产者出厂价格指数（PPI）和企业商品价格指数（CGPI）的预测误差波动主要源自自身变动，从第1期到第36期居民消费价格指数（CPI）自身变动对预测误差的贡献比

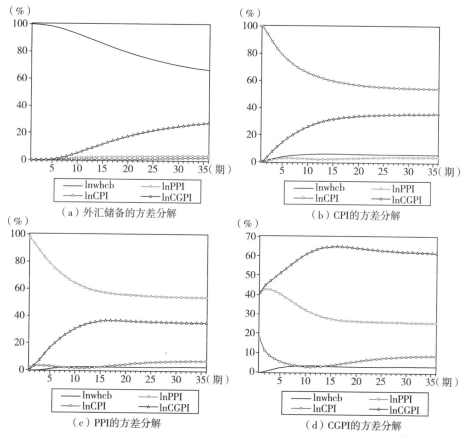

图 7-4　外汇储备、CPI、PPI 和 CGPI 方差分解

例保持在 99.91%~54.27%，工业生产者出厂价格指数（PPI）自身变动对预测误差的贡献比例保持在 97.72%~54.09%，企业商品价格指数（CGPI）自身变动对预测误差的贡献比例保持在 41.21%~62%。观测期从第 1 期推进到第 36 期，居民消费价格指数（CPI）和工业生产者出厂价格指数（PPI）自身变动对预测误差的贡献比例是下滑的，但企业商品价格指数（CGPI）自身变动对预测误差的贡献比例是逐渐增加的。企业商品价格指数（CGPI）对居民消费价格指数（CPI）和工业生产者出厂价格指数（PPI）变动的贡献程度比较大，贡献率基本达到 35% 左右。外汇储备对居民消费价格指数（CPI）、工

业生产者出厂价格指数（PPI）和企业商品价格指数（CGPI）预测误差的贡献度比较稳定且持续。外汇储备对居民消费价格指数（CPI）的预测误差的贡献率最大，贡献率稳定在5%左右；对企业商品价格指数（CGPI）的预测误差的贡献率次之，贡献率稳定在3%左右；对工业生产者出厂价格指数（PPI）的预测误差的贡献率最小，贡献率稳定在2%左右。

三、分析结论

根据 VAR 模型分析可知，外汇储备（whcb）、居民消费价格指数（CPI）、工业生产者价格指数（PPI）和企业商品价格指数（CGPI）之间存在动态联系，相互之间是有影响的，外汇储备与通货膨胀之间有内在关系。

根据协整分析可知，外汇储备（whcb）、居民消费价格指数（CPI）、工业生产者价格指数（PPI）和企业商品价格指数（CGPI）之间有长期稳定的均衡关系，外汇储备能够推动我国的物价水平变动。

Granger 因果关系检验表明，外汇储备和居民消费价格指数（CPI）、工业生产者出厂价格指数（PPI）、企业商品价格指数（CGPI）变化之间存在单向因果关系，外汇储备是价格指数变化的 Granger 原因。

根据脉冲响应分析可知，外汇储备（whcb）对居民消费价格指数（CPI）、工业生产者价格指数（PPI）和企业商品价格指数（CGPI）有较长时期的正向影响作用，而且外汇储备（whcb）对居民消费价格指数（CPI）的正向影响持续时间最长，正向影响作用大于工业生产者价格指数（PPI）和企业商品价格指数（CGPI）。外汇储备变动会造成我国物价水平的波动。

方差分解的分析显示，外汇储备对居民消费价格指数（CPI）、工业生产者出厂价格指数（PPI）和企业商品价格指数（CGPI）预测误差的贡献度是稳定且持续的。并且，外汇储备对居民消费价格指数（CPI）的预测误差的贡献率比对企业商品价格指数（CGPI）和工业生产者出厂价格指数（PPI）的预测误差的贡献率都大。

第五节　本章小结

根据我国中央银行资产负债表的分析，研究显示我国外汇储备规模的变化使外汇占款在基础货币投放中占据重要地位。外汇储备变动会导致货币供给量的变化。当货币供给量超过货币需求量时，会造成物价上涨，容易形成通货膨胀。

根据 Fisher 方程式的分析，当国际收支顺差即外汇储备增加时，会导致物价水平上涨，容易引致通货膨胀。

基于国际收支货币分析法的分析，国内物价水平是国内信贷、外汇储备和国民收入的函数。在开放经济体中，固定汇率制下，外汇储备增加，导致基础货币增加，在货币乘数效应下，货币供给量成倍扩张，进而造成物价水平的上涨。

采用向量自回归（VAR）模型对外汇储备与通货膨胀之间的关系进行实证分析，进一步说明我国外汇储备（whcb）、居民消费价格指数（CPI）、工业生产者价格指数（PPI）和企业商品价格指数（CGPI）之间存在长期的均衡关系，外汇储备变动会造成物价水平的波动。同时，外汇储备（whcb）对居民消费价格指数（CPI）影响力度大于对工业生产者价格指数（PPI）和企业商品价格指数（CGPI）的影响力度。

第八章 结 论

本书立足于开放经济的背景，从理论到实践对我国货币政策进行了深入的研究，并取得了一定的研究成果。

本书首先对开放条件下的外汇储备和货币政策相关理论进行了梳理。外汇储备理论基础主要分为外汇储备规模管理、外汇储备结构管理和国际收支的货币分析法。测度外汇储备规模的理论主要有比例法、回归分析法、Edwards 动态调整模型和成本收益法。外汇储备结构管理的理论主要有 Heller-Knight 模型、Dooley 模型和资产组合理论。

货币政策理论中引入了货币中性理论与货币非中性理论，古典学派、凯恩斯学派、货币主义学派和理性预期学派对货币政策所持有的观点，以及在分析货币政策时所采用的 Mundell-Fleming 模型和三元悖论。这为其他学者进行相关领域的研究提供了较好的研究基础。

对中华人民共和国成立以来不同时期的外汇储备以及货币政策的发展、变化进行阐述与剖析。通过比例法和外汇储备国际比较，发现我国外汇储备规模庞大，在世界范围内处于领先位置，储备水平甚至高于其他发展中国家的水平。对我国高额外汇储备的来源与成因进行了总结，发现持续的国际收支顺差、结售汇制度和汇率制度以及人民币汇率升值预期是我国外汇储备迅速增长的主要原因，要实现适度外汇储备规模应从源头上加以遏制，以避免盲目扩大外汇储备数量。我国外汇储备结构较为单一，储备资产中美元占据较大比重，这种不合理的储备结构也带来一些风险性问题。鉴于此，为应对经济形势的变迁，满足国民经济发展需要和规避金融风险，我国货币政策也处于不断调整中。外汇储备规模的变化，导致外汇占款的变动，直接影响到货币供给量的水平，这也促成了中国人民银行于 1996 年把货币供给量作为我国货币政策的中间目标。我国货币政策也逐渐从直接调控转变为间接调控，各种货币政策工具的调控作用也进一步发挥。但是，外汇储备规模变动对我国货币政策的调控造成压力，限制了货币政策实施的灵活性，再加上我国利率市场化程度低、汇率浮动水平受限等，影响了货币政策的有效性与独立性。

从货币供给量方面来看，外汇储备的变动会引致外汇占款的变动，而外汇占款作为基础货币的基本组成部分，基础货币必然会随着外汇占款的变动而变动。随着外汇储备规模扩大，形成高额外汇占款，外汇占款在基础货币中的比重也越来越大。最后，在货币乘数的作用下，货币供给量成倍被动扩张，在货币市场中形成过剩流动性。我国外汇储备、外汇占款和货币供给之间的协整关系成立。外汇占款对货币供给量 M0、M1 和 M2 的增长有不同程度的影响作用。从脉冲响应分析来看，外汇占款对货币供给量 M1 和 M2 的正向影响作用大于对货币供给量 M0 的正向影响作用。从方差分解分析来看，外汇占款对货币供给量 M2 的预测误差的贡献率最大，对货币供给量 M0 的预测误差的贡献率次之，对 M1 的预测误差的贡献率最小。外汇储备变动导致外汇占款变动，是我国货币供给量变动的重要原因，外汇储备直接影响了中央银行对货币政策中介目标的调控，从而对我国货币政策效果产生影响。

从货币供给内生性方面来看，根据货币供给方程的分析，通货存款比率（C/D）、准备存款比率（R/D）和基础货币（MB）是决定货币供给量的主要因素。在研究样本期间内，货币供给（M2）、货币乘数（K）、汇率（E）和利率（R）之间存在长期均衡的稳定的经济联系。这说明在这一时期货币乘数（K）、汇率（E）和利率（R）会对货币供给量产生长期的影响。从脉冲响应分析来看，货币乘数（K）受外部条件冲击后，对货币供给（M2）主要造成反向冲击，但冲击幅度比较小。汇率（E）和利率（R）对货币供给（M2）造成的反向冲击幅度较大，具有明显的抑制作用且持续效应较长。从方差分解分析来看，汇率（E）和利率（R）对货币供给（M2）预测误差的贡献率比较大，都高于货币乘数（K）的贡献率，这与脉冲响应分析一致。这表明，我国货币供给具有一定的内生性，这会影响到货币政策的实施效果。货币供给的内生性会导致以货币供给量为中介目标的货币政策调节作用受到限制，货币当局在制定货币政策时需要考虑到货币供给的内生性特点，选择恰当的货币政策操作目标，并且将货币供给管理与货币需求管理协调起来配合实施。

从货币政策传导机制方面来看，我国货币政策传导主要通过利率传导渠道、汇率传导渠道和信贷传导渠道进行。首先，以货币政策传导机制理论为基础，对利率传导途径、其他资产价格途径和信用传导途径进行了理论分析。在理论分析的基础上，对外汇储备对利率传导途径、汇率传导途径和信贷传导途径的影响进行了实证分析。由于利率管制和汇率浮动受限等原因，实证研究表明这三大传导渠道在运作过程中效应发挥有限。这是由于外汇储备变动所引致的数量巨大的外汇占款变化降低了中央银行对货币供给总量和信贷总量的控制能力，对货币政策独立性造成影响。

从通货膨胀方面来看，结合中国人民银行资产负债表、Fisher 方程式和国际收支货币分析法，从理论上分析了开放经济因素和通货膨胀的关系。在此基础上，本书对通货膨胀的变化进行定量分析，采用 2000 年 1 月到 2021 年 7 月的月度数据构建 VAR 模型和进行脉冲响应分析，选取居民消费价格指数（CPI）、工业生产者价格指数（PPI）和企业商品价格指数（CGPI）作为衡量物价水平的指标。实证分析结果表明，我国外汇储备（whcb）、居民消费价格指数（CPI）、工业生产者价格指数（PPI）和企业商品价格指数（CGPI）之间存在长期的均衡关系，外汇储备（whcb）对居民消费价格指数（CPI）的影响力度大于对工业生产者价格指数（PPI）和企业商品价格指数（CGPI）的影响力度。开放经济因素对物价水平会产生影响，不断膨胀的外汇储备规模有悖于保持货币币值稳定的货币政策目标。

针对开放条件下货币政策实施效果，笔者认为应控制外汇储备增长规模与速度，防止其过快增长，实现外汇储备适度规模，提高中央银行货币政策实施的灵活性和效率，缓解通货膨胀压力；优化外汇储备结构，改变以美元为主的单一储备资产结构，使储备资产结构向多元化发展，以规避持有外汇储备风险；加快汇率制度改革，提高汇率浮动空间，改变人民币汇率升值预期状态，以控制资本流入量，减轻中央银行对冲型货币政策操作的负担。汇率浮动范围的扩大有利于实现合理的汇率估值水平，改善持续国际收支顺差的局面，以平衡国际收支，减轻中央银行持有储备的数量，提高货币政策有效性；加快外汇体制改革，由强制结售汇制度转变为意愿结售汇制度，实现藏汇于民，减少被动增加的外汇储备，从而减少外汇占款和基础货币投放，增强货币政策主动性，扭转货币政策被动实施的局面，以减少中央银行持有储备的机会成本与风险；积极推进利率市场化进程，改变利率市场化偏低的现状，发挥利率作为主要货币政策手段的效用，强化利率传导机制的作用；增强汇率弹性，提高货币政策汇率传导机制效率；进一步疏通货币政策信用传导渠道，提高其灵敏性，使信用传导机制能够有效运行；完善货币政策工具，灵活、熟练地使用各项货币政策工具，尤其注意各种操作工具的合理搭配使用，有效发挥其宏观调控功能。

参考文献

[1] Bar-Ilan A., Dan L. International Reserves and Monetary Policy [J]. Economics Letters, 2007, 97 (2): 170-178.

[2] Moore B. J. The Endogenous Money Supply [J]. Journal of Post Keynesian Economics, 1988, 10 (3): 372-385.

[3] Bruno C., Lena M. P., Vladimir S. A Cross-Country Analysis of Monetary Policy Effects on Prices [J]. Finance Auverczech Journal of Economics and Finance, 2015, 65 (5): 377-390.

[4] Montoro C., Moreno R. The Use of Reserve Requirements as a Policy Instrument in Latin America [J]. BIS Quarterly Review, 2011: 53-65.

[5] Sims C. A. Macroeconomics and Reality [J]. Econometrica, 1980, 48 (1): 1-48.

[6] Rodrik D. The Social Cost of Foreign Exchange Reserves [J]. International Economic Journal, 2006, 20 (3): 253-266.

[7] Hume D. Of the Balance of Trade [M] //Rotwein E. Writings on Economics. Madison: University of Wisconsin Press, 1752.

[8] Phelps E. Phillips Curves, Expectations of Inflation and Optimal Unemployment over Time [J]. Economica, 1967, 34 (135): 254-281.

[9] Fisera B. Income Inequality and the Distributional Effects of Monetary Policy: The Role of Financial Heterogeneity [J]. Finance Auverczech Journal of Eco-

nomics and Finance, 2020, 70 (6): 488-520.

[10] Modigliani F. Monetary Policy and Consumption [J]. Consumer Spending and Monetary Policy: The Linkages, 1971: 9-84.

[11] Fisher I. The Purchasing Power of Money [M]. New York: The Macmillan Company, 1911.

[12] Friedman M., Schwartz A. J. A Monetary History of the United States, 1867-1960 [M]. Princeton: Princeton University Press, 1963.

[13] Georgiadis G., Mehl A. Financial Globalisation and Monetary Policy Effectiveness [J]. Journal of International Economics, 2016, 103: 200-212.

[14] Gong G. Contemporary Chinese Economy [M]. London: Routledge Press, 2012.

[15] Heller H. R., Knight M. D. Reserve-Currency Preferences of Central Banks [J]. Essays in International Finance, 1978, 131 (10): 1-23.

[16] Markowitz H. Portfolio Selection [J]. Journal of Finance, 1952, 7 (1): 77-91.

[17] Markowitz H. Portfolio Selection: Efficient Diversification of Investments [M]. New York: John Wiley & Sons, 1959.

[18] Taguchi H. Monetary Autonomy in Emerging Market Economies: The Role of Foreign Reserves [J]. Emerging Matkets Review, 2011, 12 (4): 371-388.

[19] Johnson H. International Trade and Economic Growth [M]. Cambridge: Harvard University Press, 1958.

[20] Heller H. R. Optimal International Reserves [J]. The Economic Journal, 1966, 76 (302): 296-311.

[21] Hansen H. A Guide to Keynes [M]. New York: McGraw-Hill Book Company, 1953.

[22] Johnson H. G. The Monetary Approach to Balance-of-Payments Theory [J]. The Journal of Financial and Quantitative Analysis, 1972, 7 (2): 1555-1572.

[23] Aizenman J. , Lee J. Financial versus Monetary Mercantilism: Long-run View of Large International Reserves Hoarding [J]. The World Economy, 2008, 31 (5): 593-611.

[24] Aizenman J. , Marion N. The High Demand for International Reserves in the Far East: What is Going on? [J]. Journal of the Japanese and International Economies, 2003, 17 (3): 370-400.

[25] Frenkel J. A. , Jovanovic B. Optimal International Reserves: A Stochastic Framework [J]. The Economic Journal, 1981, 91 (362): 507-514.

[26] Frenkel J. A. The Demand for International Reserves by Developed and Less-Developed Countries [J]. Economica, 1974, 41 (161): 14-24.

[27] Agarwal J. Optimal Monetary Reserves for Developing Countries [J]. Review of World Economics (Weltwirtschaftliches Archiv), 1971, 107 (1): 76-91.

[28] Tobin J. The Interest-Elasticity of Transactions Demand for Cash [J]. The Review of Economics and Statistics, 1956, 38 (3): 241-247.

[29] Aizenman J. , Sengupta R. The Financial Trilemma in China and a Comparative Ananlysis with India [R]. Working Papers, UC Santa Cruz Economics Department, 2011.

[30] Aizenman J. , Riera-Crichton D. Real Exchange Rate and International Reserves in an Era of Growing Financial and Trade Integration [J]. The Review of Economics and Statistics, 2008, 90 (4): 812-815.

[31] Jeanne O. International Reserves in Emerging Market Countries: Too Much of a Goood Thing? [J]. Brookings Papers on Economic Activity, 2007 (1): 56-79.

[32] Li J. , Rajan R. S. Can High Reserves Offset Weak Fundamentals? A Simple Model of Precautionary Demand for Reserves [J]. Economia International (International Economics), 2006, 59 (3): 317-328.

[33] Aizenman J. International Reserves Management and the Current Account [R]. National Bureau of Economic Research Working Paper, No. 12734, 2006.

[34] Aizenman J., Lee J. International Reserves: Precautionary versus Mercantilist Views, Theory and Evidence [J]. Open Economies Review, 2007, 18 (2): 191-214.

[35] Aizenman J. On the Paradox of Prudential Regulations in the Globalized Economy: International Reserves and the Crisis: A Reassessment [R]. Other Recent Work, Department of Economics, UCSC, UC Santa Cruz, 2009.

[36] Fleming J. M. Domestic Financial Policies under Fixed and under Floating Exchange Rates [J]. International Monetary Fund Staff Papers, 1962, 9 (3): 369-380.

[37] Hicks J. Mr. Keynes and the "Classics": A Suggested Interpretation [J]. Econometrica, 1937, 5 (2): 147-159.

[38] Tobin J. A General Equilibrium Approach to Monetary Theory [J]. Journal of Money, Credit and Banking, 1969, 1 (1): 15-29.

[39] Muth J. F. Rational Expectations and the Theory of Price Movements [J]. Econometrica, 1961, 29 (3): 315-335.

[40] Khomo M. Determinants of Foreign Exchange Reserves in Eswatini: An ARDL Approach [J]. African Review of Economics and Finance, 2018, 10 (2): 134-150.

[41] Korinek A., Servén L. Undervaluation through Foreign Reserve Accumulation: Static Losses, Dynamic Gains [R]. World Bank Policy Reseach Working Paper 5250, 2010.

[42] Nell K. S. The Endogenous/Exogenous Nature of South Africa's Money Supply Under Direct and Indirect Monetary Control Measures [J]. Journal of Post Keynesian Economics, 2000, 23 (2): 313-329.

[43] Liu L., Zhang W. A New Keynesian Model for Analysing Monetary Policy

in Mainland China [J]. Journal of Asian Economics, 2010, 21 (6): 540-551.

[44] Lee J. Y. , Lee S. H. The Effects of Social Cost of Excess Foreign Exchange Reserves on the Economic Growth in Korean [J]. The Journal of International Trade & Commerce, 2021, 17 (3): 279-291.

[45] Law C. H. , Tee C. L. , Ooi S. K. Threshold Effect of Financial Integration on Linkages Between Monetary Independence and Foreign Exchange Reserves [J]. Asian Academy of Management Journal of Accounting and Finance, 2019, 15 (1): 61-81.

[46] Lavoie M. Credit and Money: The Dynamic Circuit, Overdraft Economics, and Post-Keynesian Economics [C] //Jarsulic M. Money and Macro Policy. Springer Dordrecht, 1985 (5): 63-84.

[47] Dooley M. P. , Lizondo J. , Mathieson D. J. The Currency Composition of Foreign Reserves [J]. IMF Staff Papers, 1989, 36 (2): 385-434.

[48] Mehrotra A. The Case for Price Level or Inflation Targeting—What Happened to Monotary Policy Effectiveness During the Japanese Disinflation? [J]. Japan and the World Economy, 2009, 21 (3): 280-291.

[49] Ramachandran M. On the Upsurge of Foreign Exhange Reserves in India [J]. Journal of Policy Modeling, 2006, 28 (7): 797-809.

[50] Matsumoto H. Foreign Reserve Accumulation, Foreign Direct Investment, and Economic Growth [J]. Review of Economic Dynamics, 2022, 43: 241-262.

[51] Yang M. Financial Development, Financial Structure, and the Growth Effect of Monetary Policy: International Evidence [J]. Global Economic Review, 2018, 47 (4): 395-418.

[52] Yie M. S. Non-linear Effects of Monetary Policy on International Capital Flows in Emerging Market Countries [J]. Kukje Kyungje Yongu, 2019, 25 (4): 27-54.

[53] Mohanty M. S. , Turner P. Foreign Exchange Reserve Accumulation in

Emerging Markets: What are the Domestic Implications? [J]. BIS Quarterly Review, 2006: 39-52.

[54] Lin M. Y. Foreign Reserves and Economic Growth: Granger Causality Analysis with Panel Data [J]. Economics Bulletin, 2011, 31 (2): 1563-1575.

[55] Gruz M. , Walters B. Is the Accumulation of International Reserves Good for Development? [J]. Cambridge Journal of Economics, 2008, 32 (5): 665-681.

[56] Obstfeld M. , Shambaugh J. C. , Tayloy A. M. Financial Stability, the Trilemma, and International Reserves [R]. National Bureau of Economic Research Working Paper 14217, 2008.

[57] Flanders M. The Demand for International Reserves [M]. Princeton: Princeton University Press, 1971.

[58] Brown M. The External Liquidity of an Advanced Country [M]. Princeton: Princeton University Press, 1964.

[59] Iyoha M. A. The Demand for International Reserves in Less Developed Countries: A Distribution Lag Specification [J]. The Review of Economics and Statistics, 1976, 58: 351-355.

[60] Friedman M. The Role of Monetary Policy [J]. The American Economic Review, 1968, 58 (1): 1-17.

[61] Narkevich S. Gold and Foreign Exchange Reserves: History, Definition, Composition and Modern Funtions [J]. Voprosy Ekonomiki, 2015 (4): 86-105.

[62] Wallace N. A Modigliani-Miller Theorem for Open-Market Operations [J]. The American Economic Review, 1981, 71 (3): 267-274.

[63] Kaldor N. How Monetarism Failed [J]. Challenge, 1985, 28 (2): 4-13.

[64] Osei D. Dynamics of Foreign Exchange Reserves Accumulation and Macroeconomic Stability: The Ghanaian Perspective [J]. Aziyai Afrika Segodnya, 2018 (1): 61-65.

［65］박석강, Parkbokjae. An Empirical Analysis on the Trade Policy and Its Effectiveness to International Reserves Implemented by Emerging Markets ［J］. International Commerce and Information Review, 2013, 15 (3): 41-62.

［66］Agénor P. R. , Aynaoui K. E. Excess Liquidity, Bank Pricing Rules, and Monetary Policy ［J］. Journal of Banking & Finance, 2010, 34 (5): 923-933.

［67］Guidotti P. , Sturzenegger F. , Villar A. On the Consequences of Sudden Stops ［J］. Economia, 2004, 4 (2): 171-203.

［68］Howells P. , Hussein K. The Endogeneity of Money: Evidence from the G7 ［J］. Scottish Journal of Political Economy, 1998, 45 (3): 329-340.

［69］Mishra R. K. , Sharma C. India's Demand for International Reserve and Monetary Disequilibrium: Reserve Adequacy under Floating Regime ［J］. Jounral of Policy Modeling, 2011, 33 (6): 901-919.

［70］Mendoza R. U. Was the Asian Crisis a Wake-up Call? Foreign Reserves as Self-protection ［J］. Journal of Asian Economics, 2010, 21 (1): 1-19.

［71］Green R. , Torgerson T. Are High Foreign Exchange Reserves in Emerging Markets a Blessing or a Burden? ［M］. Washington D. C. : The United States Department of the Treasury, 2007.

［72］Triffin R. Gold and the Dollar Crisis ［M］. New Haven: Yale University Press, 1960.

［73］Lucas R. E. Jr. Expectations and the Neutrality of Money ［J］. Journal of Economic Theory, 1972, 4 (2): 103-124.

［74］Mundell R. Capital Mobility and Stabilization Policy under Fixed and Flexible Exchange Rates ［J］. The Canadian Journal of Economics and Political Science, 1963, 29 (4): 475-485.

［75］Sula O. Demand for International Reserves in Developing Nations: A Quantile Regression Approach ［J］. Journal of International Money and Finance, 2011, 30 (5): 764-777.

［76］Rizvi S. K. A. , Naqvi B. , Ramzan M. , Rizavi S. S. Pakistan's Accumulation of Foreign Exchange Reserves during 2001－2006：Benign or Hostile！Excessive or Moderate！Intent or Fluke！［J］. Pakistan Journal of Commerce and Social Sciences, 2011, 5（1）：47－67.

［77］Yang S. , Li D. Ananlysis and Forecast about China's Foreign Exchange Reserves Based on Grey System［J］. Asian Social Science, 2012, 8（2）：153-158.

［78］Zeng S. Study on Chinese Foreign Exchange Reserves［J］. Journal of Applied Finance & Banking, 2012, 2（1）：29-67.

［79］Edwards S. The Demand for International Reserves and Monetary Equilibrium：Some Evidence from Developing Contries［J］. The Review of Economics and Statistics, 1984, 66（3）：495-500.

［80］Nayan S. , Kadir N. , Abdullah M. S. , et al. Post Keynesian Endogeneity of Money Supply：Panel Evidence［J］. Procedia Economics and Finance, 2013, 7（1）：48-54.

［81］Bindseil U. , Camba－Mendez G. , Hirsch A. , Weller B. Excess Reserves and the Implementation of Monetary Policy of the ECB［J］. Journal of Policy Modeling, 2006, 28（5）：491-510.

［82］Pontines V. , Rajan R. S. Foreign Exchange Market Intervention and Reserve Accumulation in Emerging Asian：Is there Evidence of Fear of Appreciation?［J］. Economics Letters , 2011, 111（3）：252-255.

［83］Vymyatnina Y. How Much Control Does Bank of Russia Have over Money Supply? ［J］. Research in International Business and Finance, 2006, 20（2）：131-144.

［84］Branson W. H. Asset Markets and Relative Prices in Exchange Rate Determination［M］. Prineston：Prineston University Press, 1977.

［85］Branson W. H. , Halttunen H. , Masson P. Exchange Rates in the Short Run：The Dollar-Deutschemark Rate［J］. European Economic Review, 1977, 10

（3）：303-324.

［86］Branson W. H., Halttunen H., Masson P. Exchange Rates in the Short Run: Some Further Results ［J］. European Economic Review, 1979, 12（4）：395-402.

［87］Cheung Y. W., Qian X. Hoarding of International Reserves: Mrs Machlup's Wardrobe and the Joneses ［J］. Review of International Economics, 2009, 17（4）：824-843.

［88］Ouyang A., Rajan R. S. Monetary Sterilization in China since the 1990s: How Much and How Effective? ［R］. Centre for International Economic Studies Working Paper, 2005.

［89］巴曙松，吴博，朱元倩. 汇率制度改革后人民币有效汇率测算及对国际贸易、外汇储备的影响分析 ［J］. 国际金融研究，2007（4）：56-62.

［90］巴曙松. 外汇储备持续增长背景下的宏观金融政策：挑战与趋势 ［J］. 国际商务研究，2007（1）：1-5.

［91］保罗·克鲁格曼，茅瑞斯·奥伯斯法尔德. 国际经济学（第四版）［M］. 海闻，等译. 北京：中国人民大学出版社，1998：482-483.

［92］保罗·克鲁格曼. 萧条经济学的回归 ［M］. 刘波，译. 北京：中国人民大学出版社，1999.

［93］罗伯特·C. 芬斯特拉，艾伦·M. 泰勒. 国际宏观经济学 ［M］. 张友仁，等译. 北京：中国人民大学出版社，2011：149.

［94］毕海霞，程京京. 美国主权信用降级背景下如何实现我国外汇储备的优化管理 ［J］. 南方金融，2012（2）：46-48.

［95］陈远志，谢智勤. 外汇盈余结构与我国货币政策调控压力相关性的实证研究 ［J］. 南方金融，2006（10）：9-12.

［96］陈安，杨振宇. 贸易顺差、资本流入与中国外汇储备规模增长 ［J］. 当代经济科学，2011，33（4）：76-83.

［97］陈宇峰. 中国货币供给内生性的实证检验 ［J］. 统计与决策，2006

（12）：72-74.

[98] 楚尔鸣，石华军，肖珑．我国外汇储备变动与货币内生性实证分析：2000~2005 [J]．开发研究，2007（1）：27-30.

[99] 陈奉先．货币政策冲销效果——理论框架与中国实践 [J]．经济与管理研究，2015，36（9）：28-36.

[100] 段洁新，王志文．我国外汇储备增长的影响因素分析——基于因子分析的实证研究 [J]．金融理论与实践，2013（5）：77-79.

[101] 法文宗．外汇储备过快增长对我国货币政策独立性的影响 [J]．亚太经济，2010（4）：32-36.

[102] 范从来，赵永清．中国货币政策的自主性：1996~2008 [J]．金融研究，2009（5）：22-34.

[103] 弗雷德里克·S.米什金．货币金融学 [M]．郑艳文，荆国勇，译．北京：中国人民大学出版社，2011.

[104] 樊纲，贺力平．金融改革开放与中国国际收支再平衡 [M]．上海：上海远东出版社，2012.

[105] 范立夫．中国经济增长与净出口关系的实证分析 [J]．财经问题研究，2010（6）：21-27.

[106] 冯玉明，袁红春，俞自由．中国货币供给内生性或外生性问题的实证 [J]．上海交通大学学报，1999（10）：1251-1253.

[107] 高铁梅．计量经济分析方法与建模 [M]．北京：清华大学出版社，2009.

[108] 高瞻．我国外汇储备、汇率变动对通货膨胀的影响 [J]．国际金融研究，2010（11）：4-10.

[109] 国际货币基金组织．国际收支和国际投资头寸手册（第六版）[M]．华盛顿：国际货币基金组织，2009.

[110] 黄寿峰，陈浪南．外汇储备增长影响因素的比较分析 [J]．上海金融，2009（9）：69-73.

[111] 黄嬿,丁剑平. 亚洲外汇储备普遍增长原因分析——基于空间计量杜宾模型的实证研究 [J]. 国际金融研究,2017 (11):23-32.

[112] 何慧刚. 中国外汇冲销干预和货币政策独立性研究 [J]. 财经研究,2007,33 (11):18-30.

[113] 姜波克. 开放经济下的货币市场调控 [M]. 上海:复旦大学出版社,1999:14.

[114] 孔立平,朱志国. 对外汇储备激增与流动性过剩关系的理论分析与实证检验 [J]. 金融与经济,2007 (12):12-16.

[115] 凯恩斯. 货币论(上)[M]. 何瑞英,译. 北京:商务印书馆,1986.

[116] 凯恩斯. 就业、利息与货币通论 [M]. 徐毓枬,译. 北京:商务印书馆,1983.

[117] 刘林. 外汇市场干预、汇率与货币政策——兼论我国外汇市场冲销干预的有效性 [J]. 山西财经大学学报,2010,32 (9):24-30.

[118] 刘柏. 我国国际收支对货币政策独立性的冲击 [J]. 财经问题研究,2005 (9):34-38.

[119] 罗忠洲. 本币升值影响外汇储备的实证分析:2003-2007 [J]. 世界经济研究,2010 (11):39-43.

[120] 李庭辉. 人民币汇率、货币供应量对外汇储备规模影响的实证分析 [J]. 社会科学家,2010 (7):54-57.

[121] 刘艳武. 中国货币政策有效性分析与选择 [D]. 长春:吉林大学博士学位论文,2004.

[122] 刘志雄,李剑. 开放条件下我国货币供给的内生性研究 [J]. 南方金融,2010 (4):25-29.

[123] 李威,朱太辉. 基于DSGE模型的货币供给内生性检验——兼对非常规货币政策效果的解释 [J]. 国际金融研究,2018 (2):43-53.

[124] 刘睿倪,程惠芳. 外汇储备对货币政策有效性影响的实证分析 [J]. 统计与决策,2017 (24):164-166.

[125] 马理, 尤阳. 货币政策传导路径阻滞与对策建议——基于欧洲央行影子利率的数据检验 [J]. 国际金融研究, 2019 (6): 14-25.

[126] 牛晓健, 陶川. 外汇占款对我国货币政策调控影响的实证分析 [J]. 统计研究, 2011, 28 (4): 11-16.

[127] 聂丽, 石凯. 外汇储备变化的宏观经济效应——基于央行资产负债表的分析 [J]. 金融经济学研究, 2019, 34 (4): 3-17.

[128] 彭方平, 胡新明, 展凯. 通胀预期与央行货币政策有效性 [J]. 中国管理科学, 2012, 20 (1): 1-7.

[129] 庞新江. 我国货币政策的有效性及对策建议 [J]. 当代经济研究, 2012 (1): 55-59.

[130] 孙云峰. 不同的汇率制度下我国货币政策有效性因素研究 [J]. 金融理论与实践, 2007 (4): 43-45.

[131] 孙力军, 黄波. 我国货币政策中介目标与最终目标的动态关系——基于 2001-2008 年季度数据的实证检验 [J]. 山西财经大学学报, 2009, 31 (9): 95-102.

[132] 盛松成, 施兵超, 陈建安. 现代货币经济学 [M]. 北京: 中国金融出版社, 2001.

[133] 萨伊. 政治经济学概论 [M]. 陈福生, 陈振骅, 译. 北京: 商务印书馆, 1997.

[134] 宿玉海, 张雪莹. 对我国外汇储备超适度规模的实证分析——基于改进的阿格沃尔模型 [J]. 财经科学, 2011 (10): 22-28.

[135] 孙杰. 货币政策、公司融资行为与货币供给内生性 [J]. 世界经济, 2004 (5): 13-19.

[136] 史永乐. 我国货币供给内生性和外生性的实证研究 [J]. 统计研究, 1998 (1): 28-31.

[137] 田华臣, 张宗成. 分析我国外汇占款对冲策略 [J]. 国际贸易问题, 2005 (1): 91-95.

[138] 罗伯特·特里芬. 黄金与美元危机——自由兑换的未来 [M]. 陈尚霖, 雷达, 译. 北京: 商务印书馆, 1997.

[139] 唐·帕廷金. 货币、利息与价格 [M]. 邓瑞索, 译. 北京: 中国社会科学出版社, 1996.

[140] 陶思平. 人民币汇率改革以来我国货币政策有效性分析 [J]. 商业时代, 2012 (22): 46-47.

[141] 吴青. 国际收支管理对货币政策的影响 [J]. 国际贸易问题, 1999 (4): 45-49.

[142] 汪洋. 主权财富基金、外汇储备管理与货币政策有效性 [J]. 当代财经, 2009 (8): 49-55.

[143] 武剑. 货币冲销的理论分析与政策选择 [J]. 管理世界, 2005 (8): 6-10.

[144] 吴志明, 王大生. 亚洲金融危机前后我国外汇储备对货币供给影响的比较分析 [J]. 工业技术经济, 2007 (26): 116-119.

[145] 克努特·维克塞尔. 国民经济学讲义 [M]. 蔡受百, 程伯撝, 译. 上海: 上海译文出版社, 1983.

[146] 王广谦. 中央银行学 [M]. 北京: 高等教育出版社, 2006.

[147] 吴志明. 开放经济条件下的我国外汇储备规模 [M]. 长沙: 湖南大学出版社, 2012.

[148] 王爱俭, 王景武. 中国外汇储备投资多样化研究 [M]. 北京: 中国金融出版社, 2009.

[149] 王三兴, 杜厚文. 新兴市场外汇储备增长的决定因素——基于东亚和拉美的实证比较研究 [J]. 亚太经济, 2011 (1): 41-46.

[150] 王立勇, 张良贵. 开放条件下我国货币政策有效性的经验分析——基于目标实现与工具选择角度的评价 [J]. 数量经济技术经济研究, 2011 (8): 77-90.

[151] 王国刚. 中国货币政策调控工具的操作机理: 2001-2010 [J]. 中

国社会科学，2012（4）：62-82.

[152] 王三兴. 资本开放、外汇储备累积与货币政策独立性——中国数据的实证分析 [J]. 世界经济研究，2011（3）：34-39.

[153] 万解秋，徐涛. 货币供给的内生性与货币政策的效率——兼评我国当前货币政策的有效性 [J]. 经济研究，2001（3）：40-45+50-94.

[154] 王有光. 货币政策有效性与货币供给内生性的关系研究 [J]. 经济经纬，2009（4）：17-20.

[155] 王静，魏先华. 我国货币供给内生性问题的实证分析 [J]. 当代财经，2012（6）：61-68.

[156] 许冬玲，许先普. 我国外汇储备变动对货币政策的影响研究 [J]. 理论探索，2008（6）：80-83.

[157] 向宇，余晓羽. 外汇储备对我国货币政策最终目标影响的实证分析 [J]. 西南民族大学学报（人文社会科学版），2011（8）：126-131.

[158] 熊启跃，黄宪. 资本监管下货币政策信贷渠道的"扭曲"效应研究——基于中国的实证 [J]. 国际金融研究，2015（1）：48-61.

[159] 邢全伟. 外汇储备、货币流动性与通货膨胀动态关系的定量分析 [J]. 统计与决策，2018，34（24）：155-159.

[160] 岳意定，张璇. 我国外汇储备对基础货币影响的实证研究 [J]. 世界经济研究，2007（1）：48-53.

[161] 杨权. 东亚经济体大规模囤积外汇储备现象：影响因素、行为特征及政策含义 [J]. 国际贸易问题，2009（12）：47-56.

[162] 易行健. 人民币实际有效汇率波动对外汇储备影响的实证研究：1996-2004 [J]. 数量经济技术经济研究，2007（2）：3-10.

[163] 喻海燕. 中国外汇储备有效管理研究 [M]. 北京：中国金融出版社，2010：31.

[164] 约翰·G. 格利，爱德华·S. 肖. 金融理论中的货币 [M]. 王传纶，译. 上海：格致出版社，2019.

［165］杨旭，冯兆云．对我国货币供给内生性与外生性问题的再探讨——基于联立方程回归的实证研究［J］．财经问题研究，2012（12）：52-59.

［166］张曙光，张斌．外汇储备持续积累的经济后果［J］．经济研究，2007（4）：18-29.

［167］张细松，朱新蓉．人民币汇率、中国外汇储备与货币错配——基于理论和实证研究［J］．山西财经大学学报，2009，31（9）：103-109.

［168］赵继志，郭敏．全球性因素对中国宏观经济及货币政策有效性的影响［J］．国际金融研究，2012（9）：23-33.

［169］张文．经济货币化进程与内生性货币供给——关于中国高 M2/GDP 比率的货币分析［J］．金融研究，2008（5）：13-32.

［170］赵伟，常修泽．货币供给外生抑或内生——基于金融生态系统的分析视角［J］．中央财经大学学报，2008（12）：35-39.

［171］张翔，何平，马菁蕴．人民币汇率弹性和我国货币政策效果［J］．金融研究，2014（8）：18-31.

［172］曾红艳．内生性视角下中国外汇储备高增长研究［J］．统计与决策，2017（4）：157-160.

［173］张开宇．我国外汇占款规模变动对货币政策影响研究［J］．现代财经（天津财经大学学报），2014，34（5）：25-35.

［174］战明华，汤颜菲，李帅．数字金融发展、渠道效应差异和货币政策传导效果［J］．经济研究，2020，55（6）：22-38.